中日笔译实践教程

西安翻译学院教材基金资助

主　编　吴　震
副主编　程　茜　周小臣
编　者　范莉婷　杨嘉琛
　　　　刘　烨　孙　可

西安交通大学出版社
XI'AN JIAOTONG UNIVERSITY PRESS

图书在版编目(CIP)数据

中日笔译实践教程 / 吴震主编；程茜，周小臣副主编.— 西安：西安交通大学出版社，2023.8(2024.7重印)
ISBN 978-7-5693-3170-7

Ⅰ.①中… Ⅱ.①吴… ②程… ③周… Ⅲ.①日语—翻译—教材 Ⅳ.①H365.9

中国国家版本馆 CIP 数据核字(2023)第 062776 号

中日笔译实践教程
ZHONGRI BIYI SHIJIAN JIAOCHENG

主　　编	吴　震
副 主 编	程　茜　周小臣
责任编辑	李　蕊
责任校对	牛瑞鑫
封面设计	任加盟

出版发行	西安交通大学出版社 (西安市兴庆南路1号　邮政编码 710048)
网　　址	http://www.xjtupress.com
电　　话	(029)82668357　82667874(市场营销中心) (029)82668315(总编办)
传　　真	(029)82668280
印　　刷	西安五星印刷有限公司
开　　本	700mm×1000mm　1/16　印张 13.5　字数 335千字
版次印次	2023年8月第1版　2024年7月第2次印刷
书　　号	ISBN 978-7-5693-3170-7
定　　价	49.80元

如发现印装质量问题，请与本社市场营销中心联系。
订购热线:(029)82665248　(029)82667874
投稿热线:(029)82668531

版权所有　侵权必究

前　　言

《中日笔译实践教程》(以下简称"本教材")是日语专业笔译课程的教材，供西安翻译学院日语专业高年级"日汉翻译"课程使用。本教材受西安翻译学院 2021 年教材建设基金资助。

本教材共四章，第一章主要介绍翻译理论，第二章的主要内容为翻译技巧及其应用，第三、四章则以实践为主。在第三、四章的翻译实践内容中，我们选取了不同领域、不同文体的各类日译汉的笔译素材并进行了讲解，尽可能多地为广大学习者提供难度适中的日汉翻译资料。

本教材可应用于线上线下混合式教学，第二章可作为线上教学内容，第一、三、四章作为线下教学内容。

本教材的编写分工如下：吴震负责编写第一、二章及全书统稿，杨嘉琛负责编写第三章的第一、二、三节，孙可负责编写第三章的第四、五、六节，范莉婷负责编写第三章的第七节及第四章的第一、二节，程茜负责编写第四章的第三、四、五节，刘烨负责编写附录。

本教材在编写过程中得到了孙逊教授的悉心指导，我们对此深表感谢。同时我们还要向给予本书关怀、帮助的其他老师表示诚挚的感谢。本教材中的大部分材料已注明出处来源，但仍存在个别无法溯及出处的材料，在此谨向原作者表示感谢。

由于编者水平有限且个人理解角度或看法不尽相同，本教材中的谬误或不足之处在所难免，恳请专家学者和广大读者不吝赐教。

编者
2023 年 7 月于西安

目 录

第一章　总　论 ································· (1)
　　第一节　翻译的定义和标准 ······················· (1)
　　第二节　我国翻译的历史 ························· (5)
　　第三节　当代翻译理论简介 ······················· (6)
　　第四节　译者的素养 ····························· (11)
　　第五节　初学者应注意的问题 ····················· (13)

第二章　翻译技巧与策略 ························· (19)
　　第一节　顺译与倒译 ····························· (19)
　　第二节　分译与合译 ····························· (27)
　　第三节　加译与减译 ····························· (35)
　　第四节　翻译中的转换 ··························· (44)
　　第五节　词语的翻译 ····························· (52)

第三章　笔译实训（一） ························· (60)
　　第一节　外交领域 ······························· (60)
　　第二节　经贸领域 ······························· (75)
　　第三节　时政领域 ······························· (91)
　　第四节　民生领域 ······························· (106)
　　第五节　文化领域 ······························· (117)
　　第六节　生态环保领域 ··························· (129)
　　第七节　体育领域 ······························· (140)

第四章　笔译实训(二)…………………………………………（147）
　第一节　致辞类……………………………………………（147）
　第二节　商务信函类………………………………………（156）
　第三节　科普类……………………………………………（168）
　第四节　法律合同类………………………………………（180）
　第五节　文学作品类………………………………………（198）

第一章 总 论

第一节 翻译的定义和标准

一、翻译的定义

翻译是什么?这是在学习翻译前有必要弄清的一个问题。

美国语言学家罗曼·雅克布逊认为翻译包括"语内翻译、语际翻译、符际翻译"。这可以说是对广义翻译的定义。而我们通常所说的翻译,也就是最常见的翻译活动,其实是"语际翻译",也就是狭义翻译。

如果我们查字典,会发现《现代汉语词典》中对翻译的定义是:把一种语言文字的意义用另一种语言文字表达出来。这是对狭义翻译的一种最普通的认识。

许钧认为:"翻译是以符号转换为手段,意义再生为任务的一项交际活动。"

王宏印认为:"翻译是以译者为主体,以语言为转换媒介的创造性的思维活动。"

相比之下,杨自俭的定义较为全面:"翻译以原文为中心,以译者为中心,以'忠实'与'对等'的追求为本质属性,尽力使译文全方位地靠近原文的跨语言、跨文化的交际行为。"

"以原文为中心"说明翻译要有本可依,"以译者为中心"说明译者在翻译活动中的重要性,"忠实"与"对等"其实也是翻译标准,最重要的是这个定义明确了翻译活动是一项"跨语言、跨文化的交际行为"。

除了上述对翻译的理性描述,古今中外的学者也有不少巧妙的比喻来描述翻译活动。

余光中说过,翻译就像一个演奏家诠释音乐,到了入神忘我之境,果真就与贝多芬相接相通。

王宗炎说过,翻译是画画,不是照相;是念台词,不是背书。就拿念台

词和背书来说，其最本质的区别是什么呢？是创作。因此，翻译是一种创作活动，是译者在原文原语的基础上用另一种语言文字进行的创作活动。如果否认了这一点，认为翻译只是照搬，是鹦鹉学舌，那是学不好翻译的。

二、翻译的标准

（一）信达雅与三原则

说到翻译的标准就不得不提到"信、达、雅"。这是严复在《天演论》序言中提到的："译事三难：信、达、雅"。这是严复对译事之难的感慨，也是一种经验总结。通常认为，"信"是指忠实于原文，"达"是指译文要通顺，符合译入语的表达习惯，"雅"则指译文要符合原作的风格。

王宏志在《重释"信、达、雅"——20世纪中国翻译研究》一书中，对这一点有深入的研究。他指出，"'信'和'达'的关系：做到'达'的效果后便也可以自然而然有'信'了。换言之，'达'的最终目的，其实也是'信'。""'雅'原来是要为'达'服务的。换言之，'雅'原来也是追求'达'的手段、方法。""自始至终——由'信'开始，至'达'，至'雅'——严复都是把重点放在'意义'上面的。"

可见，"达"是为了让读者更好地理解译文，归根结底是为"信"服务的，这两者并不矛盾。

无独有偶，1790年泰特勒在他的《论翻译的原则》中提出了翻译的"三原则"：译文应完全复写出原作的思想；译文的风格和笔调与原作具有相同的性质；译文应与原文同样流畅。

仔细比较不难发现，严复的"信、达、雅"和泰特勒的"三原则"几乎能够一一对应。与其说这是巧合，不如说这是中外翻译学者基于自己的翻译实践和研究得出的具有规律性的共同认识。

（二）"神似"与"化境"

罗新璋在他主编的《翻译论集》的序言中提出了"案本—求信—神似—化境"这一观点。傅雷则在《高老头》重译本的序中提出了"神似"的说法："以效果而论，翻译应当像临画一样，所求的不再形似而在神似。"国学大师钱锺书在《林的翻译》一文中提出："文学翻译的最高标准是'化境'，把作品从一国文字转变为另一国文字，既不因语文习惯的差异露出生硬牵强的痕迹，又能完全保存原有的风味，那就算得入于'化境'。"

"神似"也好，"化境"也罢，与"信、达、雅"相比，内涵都更为宽泛、模糊，更适用于文学翻译的标准，或者说是文学翻译要达到的理想境界。

(三)许渊冲的"竞赛论"

许渊冲"竞赛论"的主要观点是:文学翻译的最高标准不止是"化境","还要更上一层楼"。换句话说,将"文学翻译的最高标准定义为'化境'还有所不足,还要发挥译语优势"。"文学翻译是两种语言文化的竞赛,是一种艺术;而竞赛中取胜的方法是发挥译文优势,或者说再创作。"为什么要竞赛呢?因为"文学翻译的最高目标是成为翻译文学,也就是说,翻译作品本身要是文学作品。""译作和原作都可以比作绘画,所以译作不能只临摹原作,还要临摹原作所临摹的模特。""竞赛"也就是看谁的"临摹"更具有艺术价值,这样就有了"译文胜过原文"即译作超越原作的可能,而"竞赛"的目的是将中国文学的精华引入世界文学之中。

(许钧《文字·文学·文化——〈红与黑〉汉译研究》)

三、对翻译标准的把握

"信、达、雅"是翻译标准之一,对于初学翻译的人,在翻译实践中如何把握这个标准呢?首先,不论是"信、达、雅"还是"三原则",都是一个密切相关的整体。两者都将忠实的传达原文放在了首位,因此我们可以认为忠实是翻译的第一要义。换句话说,就是要译得"对"。要做到忠实,当然首先要正确地理解原文,其次还要能够准确运用译入语表达出来。

这里所说的忠实,绝非字面意义上的忠实,也不是词与词之间的一一对应。比如下面的这个译例。

例1 老实说,便是教我一天比一天看不起人。(鲁迅《一件小事》)

译文 もっと率直に言うと、日ましに私を人間不信に陥らせただけだ。(竹内好译《小さな出来事》)

经常有学生认为将"看不起人"译为"人間不信"是误译,这主要是学生对鲁迅创作这篇小说的时代背景并不了解。《一件小事》发表于1919年底,当时的中国已经是半封建半殖民地的军阀割据的社会,当时的鲁迅,既有对统治者的不满,也有对普通民众麻木不仁的鄙视。从这个意义上来说,将"看不起人"译为"人間不信"是译者深思熟虑的结果。译文虽然没有字面上的对等,但保持了原文内在信息的准确传达。

其次是通顺。就日汉翻译来说,译文需要符合汉语的表达习惯。

大文豪鲁迅也是一个翻译家,有研究者认为他翻译的文字有300万字,比其著作的文字还要多。鲁迅是一个直译甚至"硬译"的提倡者。王宏志在《重释"信、达、雅"——20世纪中国翻译研究》中提到,"一般的所谓'直译',应

该是指内容而言,也就是说,译者忠实地把原著的内容或思想完整地交代出来。这显然也是鲁迅的部分意思。不过,鲁迅的所谓'直'并不止于此。他讨论翻译的一个独特之处,在于他很强调语言文字字面上的忠实,或者更具体一点说,是语法上的忠实。"

对于"信"与"达"的问题,鲁迅坚持"宁信而不顺",这当然有他的时代背景和译者个体的原因。对于翻译初学者而言,很容易拘泥于原文,译文也因此难以让读者理解。

对于如何统一形式与内容、如何解决既"信"且"达"的问题,可以参考奈达的"动态对等"翻译观。谭载喜的《新编奈达论翻译》中提到:所谓动态对等(亦即灵活对等)翻译,是指从语义到语体,在接受语中用最切近的自然对等语再现源发语的信息。在动态对等翻译观中,译者着眼于原文的意义和精神,而不拘泥于原文的语言结构,即不拘泥于形式对应。

总之,对于翻译学习者来说,忠实与通顺是事物的一体两面。所谓忠实而不通顺的译文是不存在的。虽然通顺的译文未必忠实,但不符合汉语表达习惯、读起来不通顺的译文,十有八九是有误译的。请看下面的例文。

例2　私の父は大酒家の部類だったと思うのだが、酒の上のことだから勘弁しろ、ということを許さなかった。酒の上のことだから勘弁しない。酒中の失策を酒に押し付けては、第一、酒が可哀相だ、という理屈であった。

译文　我想我父亲是酒鬼的一种,但是因为是酒上的事,请原谅的事又不许。因为是酒上的事,不原谅。如果把酒中的失策强加给酒,第一,酒太可怜了。就是这么一个理由。

试问,上面这样的译文谁能读懂呢?读不懂的译文自然谈不上忠实。因此"信"与"达"是不能割裂开来理解的,只有做到了忠实与通顺统一的译文才是好的译文。

最后我们来谈谈"雅"。刘树仁在《再谈"信达雅"》一文中说到:"雅"的具体内容不是什么文风华丽,修辞优雅,而是用词规范,修辞严谨,符合译文所用语言的语法规则及修辞习惯。他提出,"雅"与文风缺失有关,但不能追求华丽,应根据原文的文体和文风来选择既能保持原文风格又符合译文所用语言特点的方式进行翻译。

◀ **练习题** ▶

1. 请大家用自己的话试着给翻译下一个定义,并与文中列出的定义做比

较，看看差异在哪里。

2. 如果你也同意翻译是一种"创作"活动，请举例说明。

3. 请结合具体的译例，谈一谈你对"信、达、雅"的理解。

第二节　我国翻译的历史

谈到翻译的功能，就不得不先讨论一下翻译这项跨语言跨文化的交际活动为什么产生？何时产生？谢天振的《简明中西翻译史》中写道："翻译几乎与人类的历史同样久远。中国先秦时代就有翻译活动的记录。古埃及的罗塞塔石碑上几种不同的文字、《圣经》中关于巴别塔（亦称通天塔）的传说，也都是古代不同语言间交际和翻译活动的印记。"

中国有明确记载的大规模翻译活动始于东汉的佛经翻译。对佛经的翻译也是古代翻译活动的主要内容。佛经翻译历经四个阶段：

（一）从东汉至西晋是起始阶段

这一阶段佛教逐渐流行，还出现了一些从佛经翻译实践中总结出来的翻译理论。译者以外籍僧人为主。主要的代表人物有安清、支娄迦谶、严佛调、支谦等。这一时期翻译活动的特点是规模小且比较零散，对翻译内容的选取也比较随意，翻译标准上"文""质"之争初见端倪。

（二）东晋南北朝时期佛经翻译逐渐进入高潮期

东晋以来佛教中心的南移，也推动佛教本地化，至唐初基本完成。佛经的汉译也随之进入一个高峰期，代表性的翻译家不仅有外国人，也有中国人。如鸠摩罗什、道安等。这一时期的特点是翻译活动官方化和高度组织化，本土译者兼佛学家大量涌现，翻译标准的取向多元化。

（三）隋唐时期佛教得到帝王提倡，佛经汉译规模及影响达到顶点

隋朝统一中国后，原来南北分派的佛教逐渐融合，中国佛教发展进入全盛期。这一阶段涌现出的代表人物有玄奘、彦琮、金刚智等。这一时期的特点是译场组织高度复杂，翻译活动高度政治化；中国译者开始成为译者主体；翻译理论讨论的内容更加丰富。

（四）北宋前期，随着唐末武宗灭佛，佛教逐渐式微，佛经汉译转入低潮

自北宋太平兴国七年（982年）至政和元年（1111年），译出佛经仅758卷，

无论数量还是质量，都无法与唐代比肩。主要的译者有法天、施护等。这一时期的特点是翻译活动的政治化进一步加强，翻译内容比较狭窄，对翻译性质的认识更为深刻。

佛经翻译形成了中国翻译史上的第一次翻译高潮。第二次翻译高潮出现在明末清初时期，当时西方的传教士在中国进行了一系列翻译著述活动，将西方的神学、哲学、天文学、数学、地理学、机械工程、医学、教育制度等部分知识译入中国。部分中国知识分子也参与了译介活动。

第三次翻译高潮则出现在19世纪。这一时期的翻译内容广泛，奠定了此后"新学"或"西学"的基础。翻译与富国强兵和维新变法等社会活动相呼应，翻译的功能被无限放大。这次翻译活动发生的历史背景与此前的翻译活动有所不同，其影响也更为广泛。首先，历史情境迥异，导致译介者与接受者心态不同。其次，翻译内容更加宽泛，翻译活动的计划性和组织化程度也更强。再次，受众范围和影响程度更广泛。最后，晚清的译介活动与新闻出版业的发展相辅相成，为中国文化产业的现代化奠定了坚实基础。

纵观我国翻译史上三次翻译高潮的起因、时代背景、主要译介内容，以及译者主体、翻译作品的影响等，不难发现，翻译活动作为一种跨文化的交际行为，总是与时代需求紧密结合。翻译承载着文化信息的传递和传承功能，对译入语的语言、文化及社会各方面都产生着深远的影响。

第三节　当代翻译理论简介

当代翻译理论流派众多，这里我们选取其中具有代表性的四个学派（语言学派、阐释学派、功能学派、文化学派）做简单介绍。

翻译研究有文献记载的最早可以追溯到古罗马时期，但直到20世纪50年代，西方翻译研究者关注的始终是"直译"与"意译"、"可译"与"不可译"等与翻译行为直接相关的具体问题，他们的立论也多出自论者自身翻译实践的经验体会。

20世纪50年代以来，西方对翻译理论的研究开始跳出经验的层面，运用相关理论视角切入翻译研究，从提出"动态对等"的尤金·奈达，到阐释学派的乔治·斯坦纳、文化学派的詹姆斯·霍尔姆斯等。

我国翻译理论研究正式起步的标志是1987年"中国首届研究生翻译理论研讨会"和"全国翻译理论研讨会"的召开。在这两次研讨会上，学者们围绕着翻译研究的一系列重要理论问题，如翻译学科的性质问题、建立独立翻译学

科的必要性和可行性问题等，进行了广泛而深入的讨论。

刘虎在《中国翻译理论研究综述(2000～2019)》一文中对国内二十年来的翻译理论研究进行了总结，他认为，在研究西方翻译理论的同时，中国学界对中国本土翻译理论的研究也达到了相当的热度和可及度，研究的热点有"中国的文学翻译""外宣翻译三贴近原则"及对翻译主体的讨论等。2010年前后，中国本土翻译理论研究及翻译教学和翻译与文化传播研究逐渐兴起，提出了不少原创的翻译理论，如变译理论、玄翻译学、大易翻译学、生态翻译学理论等。此外，随着2007年翻译硕士专业学位教育的全面开展，围绕着课程设置、教材和教学法的翻译教学研究也逐渐兴起。2011年起，在实现"中国文化走出去"的背景下，中国文学作品的译介传播也成为了研究的热点。

与国外对翻译理论的研究相比，国内的翻译理论研究起步较晚，但随着中国对外文化传播需求与语言服务人才培养需求不断增强，国内的翻译理论研究正在加速发展，呈现出多维度、多视角、跨学科的特点。

一、语言学派翻译理论

20世纪是翻译研究的语言学派得到巨大发展的时期。20世纪中叶以来，翻译学者开始从现代语言学的视角来讨论翻译问题，他们运用结构理论、转换生成理论、功能理论、话语理论等现代语言学理论，对翻译问题进行科学、系统的研究，开拓出翻译研究的崭新领域。他们的研究深入到对翻译行为本身的深层探究，通过微观分析来考察一系列语言层次的对等，较为科学、系统地揭示了翻译过程中的种种问题。翻译研究的这一语言学转向是翻译理论发展史上出现的第一次质的突破和飞跃，以至于在20世纪40年代到70年代初，翻译甚至被纳入语言学范畴，被当作比较语言学、应用语言学和语义学的一个分支。这一领域的代表人物有尤金·奈达、彼得·纽马克等。

(一)尤金·奈达

尤金·奈达是西方翻译理论语言学派最重要的代表人物之一，是著名语言学家和翻译理论家。他提出了"翻译的科学"这一概念，并在语言学研究的基础上，将信息论用于翻译研究，开创了翻译研究的交际学派。他还提出了"动态对等"的翻译原则，进而从社会语言学和语言交际功能的观点出发提出"功能对等"的翻译原则，并针对翻译过程提出了"分析""转换""重组""检验"的四步模式。

(二)彼得·纽马克

彼得·纽马克主要从事德英互译理论和实践的教学。他对翻译理论的研

究涉及较广，在翻译类别、翻译性质和翻译规则等各个方面都提出了自己的见解。纽马克对翻译理论的最大贡献是强调了交际翻译和语义翻译的区别，并对两种翻译的本质和适用范围进行了准确的阐释。这在一定程度上弥补了尤金·奈达交际翻译理论的局限。奈达的理论研究建立在《圣经》翻译的基础上，所以，他提出的"动态对等"原则及"功能对等"原则都过于注重内容而忽视形式，有一定的局限性。对此，纽马克提出了不同意见，他提出的"交际翻译"和"语义翻译"的概念，认为语义翻译和交际翻译的区别在于后者产生的效果力求接近原文文本，前者则在目标语结构许可的情况下尽可能准确再现原文意义和语境。他认为，交际翻译并非处处适用，在有些文体和场合当中，语义翻译仍然是非常必要的。

二、阐释学派翻译理论

阐释学是关于理解、解释及其方法的学科，它的历史悠久，可以追溯到古希腊时期。翻译与阐释学有着天然的密切关系。语言是理解本身得以进行的普通媒介，理解的进行方式就是解释，翻译是在两种不同的语言之间周旋，因此翻译可以看作阐释学最有代表性的范例。阐释学的学者们对翻译的论述成为西方翻译理论史上不可或缺的组成部分。这一领域的代表人物有乔治·斯坦纳、安托瓦纳·贝尔曼等。

(一)乔治·斯坦纳

乔治·斯坦纳是英国著名学者，在英美多所大学任教，讲授语言学和翻译论。他在1975年出版的《通天塔之后：语言与翻译面面观》被西方学术界称为"里程碑著作""18世纪以来首部系统研究翻译理论和过程的著作"。斯坦纳在书中追溯了西方从古代到现代的语言研究史，把哲学、语言学、诗学、文化史等运用于对语言的阐释。斯坦纳认为语言的产生和理解过程就是一个翻译的过程，翻译是语言的属性之一。"理解即翻译"是该书提出的引人注目的观点。不论语内还是语际，人类的交流都等同于翻译，翻译因此被赋予更宽泛的意义。

(二)安托瓦纳·贝尔曼

安托瓦纳·贝尔曼是当代法国著名的理论家、拉美文学及德国哲学的翻译家，以其一贯的哲学立场而闻名于翻译界。他主张摒弃翻译中的种族中心主义，反对通过变形、改变等方式对译本进行"本土化"。贝尔曼指责以往翻译对"异"成分的压抑，一味将其"本土化"，而翻译行为的伦理目标恰恰是"将异作为异来接受"。他详细描述了译本中存在的种种变形倾向，认为文本变形

系统阻碍了"异"的进入。他把对这些变形的分析称为"负面解析"。他认为优秀的译文应该对原作语言文化中的"异"怀有敬意。

三、功能学派翻译理论

20世纪六七十年代，德国译学界深受结构主义语言学的影响，"对等"成为翻译研究的中心，各种借鉴语言学理论的翻译对等论应运而生，但大都不过是对等形式的重新组合。这种语言科学研究范式愈演愈烈，后来致使翻译沦为语言学的附属品，极大地束缚了这一学科的发展，同时理论与实践的严重脱节也令越来越多的译者感到不满，功能派翻译理论就是在这时兴起并逐步深化的。它针对翻译语言学派中的薄弱环节，广泛借鉴交际理论、行动理论、信息论、语篇语言学和接受美学的思想，将研究的视线从源语文本转向目标文本，成为当代德国译学界影响最大、最活跃的学派。功能派翻译理论的目标语转向推翻了原文的权威地位，使译者摆脱对等论的羁绊，在翻译理论史上有着重要的意义。这一领域的其代表人物有凯瑟琳娜·莱斯、汉斯·弗米尔等。

(一)凯瑟琳娜·莱斯

凯瑟琳娜·莱斯是德国翻译功能学派早期重要的创建者之一。莱斯早期的理论主要围绕对等概念展开，她认为翻译追求的对等应该是语篇层面的对等，而非词、句的对等，所以主张将翻译策略和语言功能、语篇类型、文章体裁结合起来考虑。作为长期从事翻译培训的教师，莱斯的功能对等研究法起初是为了使译本评估系统化，他提出将文本功能作为翻译批评的标准，从原文和译文二者功能之间的关系来评价译文。但到了后期，在自身翻译实践的启发下，她认识到在翻译实践中不可能实现真正的对等，在有些情况下，对等甚至并非是人们所期望达到的效果。于是她逐渐将研究的目光转向翻译的目的，并和弗米尔一起成为翻译研究目的论的倡导者。

(二)汉斯·弗米尔

汉斯·弗米尔是德国翻译目的学派重要创始人，也是杰出的语言学家，熟谙十多种语言。弗米尔的目的论是在现代语言学(实用语言学、语言行为论、话语语言学)及接受美学的启发和影响下逐步发展起来的。他突破了莱斯功能对等研究的束缚，介绍并完善霍茨-曼塔里的翻译行为论，积极回应各方对目的论的质疑，使该理论逐步深入、成熟。目的论将翻译研究的视线从源语转移到译入语，对突破对等思想的禁锢有重要意义。但是，将"目的"作为翻译行为的首要准则，指导翻译策略，在本质上还是规定性的，很难避免应

用理论的通病。关于在原文内容和翻译目的发生冲突的情况下该如何处理的问题，弗米尔并没有进行详细探讨。目的论虽然声称是一种普遍的翻译理论，但事实上主要用于商业文本，其在文学翻译领域的可行性一直受到质疑。

四、文化学派翻译理论

"文化学派"也被称为"翻译研究派""描述翻译研究""目标语中心研究""多元系统研究""操纵学派"等。文化学派的学者把文学看作一个复杂的动态综合体，相信理论模型和实际个案研究之间存在着持续的相互作用。他们对文学翻译进行以译入语为中心的描述性、功能性和系统性的研究，都对翻译的以下四个方面感兴趣，即控制翻译产生和接受的规范和约束机制、翻译和其他类型文本生成之间的关系、翻译在特定文学当中的地位和功能，以及翻译对民族文学之间相互影响所起的作用。该学派的共同特征就是：从文化层面进行翻译研究，将翻译文学作为译语文学系统的一部分，并采用描述性的研究范式。这一领域的代表人物有詹姆斯·霍尔姆斯、伊塔玛·埃文-佐哈等。

（一）詹姆斯·霍尔姆斯

詹姆斯·霍尔姆斯原籍美国，从事比较文学和翻译理论研究。其论文《翻译学的名与实》对于翻译学作为一门独立学科的名称、性质、研究领域、问题设置及学科范围等提出了创见性的意见，被公认为翻译研究学派的奠基之作。他首先确立了翻译学这一学科名称，然后确定翻译学是一门实证学科，认为翻译学分为纯翻译研究和应用翻译研究。纯翻译研究中有描述翻译研究和理论翻译研究两个分支，与应用翻译研究一起，是整个翻译学中三个有明显影响的分支。

（二）伊塔玛·埃文-佐哈

伊塔玛·埃文-佐哈是以色列当代著名文学及翻译理论家，他的多元系统理论对翻译研究文化学派起到了理论奠基作用。佐哈提出，翻译文学是文学多元系统中不可分割的一部分，如果不能意识到这一点，那么对文学多元系统所做的任何描述和解释就都是不充分的。他认为，翻译文学的地位是处于中心还是边缘位置，是创新的还是保守的，都是由译语文学多元系统的特征所决定的。翻译文学地位的变化会带来翻译规范、翻译行为和翻译政策的变化。与多数翻译研究不同，多元系统理论的方法论不是规定性的，而是以文学的系统概念为基础进行的描述性研究，它不是给下一次翻译提供指导原则或是对现存翻译进行批判，而是将翻译文本接受为既成事实，探讨造成其特定本质的不同因素。这种研究方法给翻译研究提供了全新的研究范式。

第四节　译者的素养

听、说、读、写、译是外语学习者需要掌握的基本技能。"译"是前四项技能的综合体现与运用。学习翻译就是要培养外语的综合应用能力。那么，如何才能掌握笔译技能，成为一名合格的译者呢？

一、夯实基础

中日笔译的能力一定是建立在中日双语的阅读、写作能力基础上的。笔译课一般开设在大三，这也是因为学生需要在大一、大二完成日语基础知识的学习，打下良好的读写基础。

就日译汉而言，译者需要具备日语的阅读理解能力与汉语的书面表达能力。这里的阅读理解能力，不仅包括对词、句的理解，更重要的是对篇章整体的理解和对写作风格的把握。如果不能正确理解原文，就会导致误译，译出似是而非或语意不通的译文。当然，正确理解也未必就一定能正确表达，经常有学生谈及笔译的困难时，会说："这句话的意思我都明白，但就是不知道汉语怎么表达"。也有学生的译文会出现汉语的用词不当、成分残缺、句式杂糅、语意重复等语法问题，这些都与他们的中文表达能力不足有关。

因此，要想提高笔译能力，需要加强对中日双语阅读和写作能力的训练。

二、注重实践

笔译不是老师教会的，不是学生听会、看会的，唯一的途径只能是在大量的笔译实践中不断摸索、积累、提高。

笔译实践的材料要选取不同领域、不同内容、不同体裁、不同难度的文章。实践过程中要讲究方法。第一步通读原文、把握大意；第二步查找资料、搞懂细节；第三步反复推敲、完成译文；第四步对照原文、核校润色；第五步总结得失、不断提高。

初学者往往容易一拿到原文就开始翻译，忽略了通读原文的重要性。通读原文既是为了了解篇章大意，也可以从中把握作者的写作风格、特点，找出篇章的主要内容或重要观点。

第二步和第三步有时会交叉进行。举个简单的例子，我们遇到陌生的单词时大多会选择查字典，就算字典中没有收录，我们也会采用其他方式查找。但有时字典中的释义并不适用于原文想要表达的意思，于是我们便需要回到

第二步重新查找资料,然后才能完成译文。

在第四步中需要强调的是一定要对照原文校对译文。虽然在第一节中我们讲到翻译的定义时,认为翻译是一种"创作"活动,但译文的"创作"绝非随心所欲的"创作",不能离开原文。另外,在核校这一步中还需要考虑前后用词的统一、句子的衔接、标点符号的使用等问题。在第四步结束后,我们通常会得到一篇完整、通顺的译文。

没有总结与反思就难有提高。对于学习者来说第五步也十分重要,可以积累词汇、改正错误、总结翻译技巧。

三、勤于积累

有一句话叫"相声演员的肚子是杂货铺",其实这句话也适用于翻译。一名合格的翻译人员必须具备宽广的知识面。不贵精、不贵专,但什么都要懂一些。这就要求我们平时要多关注社会,关注时事,涉猎广泛,对所有未知事物都保有一定的好奇心和求知欲。

除了语言知识的积累,我们还需要对中日两国文化常识进行积累。翻译不是简单的语言转换,还是一种跨文化交际活动。要完成好跨文化的翻译这一交际活动,我们需要的绝不仅是对知识的积累与能力的培养,还需要提升各方面的综合素质。这里借用傅雷说过的一段话:"译者虽尽舌人,但要以艺术修养为根本。无敏感之心灵,无热烈之同情,无适当之鉴赏能力,无相当之社会经验,无充分之常识,是难彻底理解原著。即或理解,也不能深切领悟"。这里所谓的常识、经验或鉴赏能力、同情心等,都是知识能力之外的综合素质的体现。

四、明确使命

翻译是中外文化之间的"桥梁"。在改革开放初期,这个"桥梁"主要是引进外来的文化,让中国了解世界。但进入21世纪以来,伴随着我们的民族复兴,这个"桥梁"要更多地承担起让世界了解中国的任务:加强中外人文交流,推进国际传播能力建设;讲好中国故事,展现真实、立体、全面的中国;提高国家文化软实力。作为一名外语学习者,我们肩负着这一历史使命。

要当好这个"桥梁",除了拥有过硬的专业基础知识和笔译能力,我们还需要具备跨文化交际的能力和准确辨析中日文化差异的能力。我们还应深入了解中日两国文化交流的历史,以全球化视野理解中日两国文化,营造平等对话、互学互鉴的文化与学术交流氛围。

第五节 初学者应注意的问题

在翻译涉及的理解与表达两个环节中，初学者往往容易因为日语基础薄弱、对原文理解有误而导致误译，或者因为汉语水平有限，导致译文似是而非、有语法错误等。下文针对一些典型的误译进行分析，供大家借鉴。

一、避免理解误区

(一)遇到长句仔细分析

例1 家族機能の外部化というこのような家族の変質が、そこで生まれ、そこで育つ子どもたちの人間形成に影響を及ぼさないはずはない。家族同士の情緒的つながりが薄くなり、家族同士が共同して事を為すことがなくなり、家族同士のもちつもたれつの関係が希薄になってきたことは、そのまま、子どもたちの他者への関心と愛着と信頼感を希薄にすることになったといってよい。要するに、変質した家族では、子どもたちの社会力のおおもとが形成されなくなったということである。

误译 家庭功能的外部化，是一种家庭的变质，在这里产生，在这里长大的孩子们的人格形成必定产生影响。家人之间的情感联系淡薄，家人共同做的事情减少，家人之间互相帮助的关系淡薄，如此一来也使得孩子们对他人的关心、关爱、信任越来越缺乏。总之，变质的家庭里，是无法形成孩子们需要的社会能力的根源的。

上面的译文是典型的因未能充分理解原文而导致的硬译。我们对日语中长句的理解可以采取先找出句子主干，再处理修饰成分的方法，也可以采取从后往前逐个成分分析的方法。原文中的第二句较复杂，主干部分是"～ことは～にすることになったといってよい"，主语则是三个"（に）なる"的并列。另外，原文中的诸如"外部化""变质""希薄"等日汉同形词也不能照搬原文。对译文进行修改、整理后的译文如下：

改译 本应由家庭承担的功能诉诸外部，这是家庭关系的一种异常。在这种家庭中成长的孩子，其人格形成必然受到影响。家人之间的情感联系薄弱，家人共度的时光消失了，家人之间缺少互帮互助，这些会导致孩子也缺乏对他人的关心、爱护及信任。总之，关系

异常的家庭，缺乏让孩子培养"社会力"的基础。

（二）理清修饰语与中心词

例2 長生きする日本人が増えた最も大きな要因は食生活です。戦争を経験している今の60歳以上の人たちは、全般に食事が質素です。カロリーやコレステロールが少ない食事をしているので、<u>さまざまな病気の原因になる動脈硬化が少ないのです</u>。

误译1 所以就大大降低了动脉硬化（引发各类疾病）的元凶。
误译2 就能减少诱发各种疾病的动脉硬化的危险。
误译3 使得由动脉硬化引发的各种疾病非常少。
误译4 所以很少会得由动脉硬化引起的疾病。

"さまざまな病気の原因になる"是"動脈硬化"的修饰语，动脉硬化是引起其他各种疾病的原因，所以"少ない"的是动脉硬化这种疾病，当然也可以引申为"患动脉硬化这种疾病的人少"。上述几个译文中，误译1的"降低了"与"元凶"、误译2的"减少"与"危险"均不搭配，是病句，可以改为"降低了诱发动脉硬化的风险"。误译3与误译4中的"减少"成了修饰"动脉硬化引发的疾病"的词，没有理清修饰语和中心词的关系。

改译 日本人长寿的最大原因在于饮食。那些经历过战争、现在已经60多岁的老人饮食都很简单。通过饮食摄取的卡路里和胆固醇很少，<u>因此很少有人患动脉硬化，而动脉硬化恰恰是诱发其他很多疾病的罪魁祸首</u>。

（三）不能随意加"逗号"

断句很重要，断句不当也会造成误译。

例3 <u>筆者が北京へ来た当時まだ残っていた城壁がとっくに取り払われ</u>、街全体の古いイメージがだんだん薄れ、昔のような下町情緒が楽しめなくなったのは、正直言ってちょっぴり寂しい。しかし、活気に満ちあふれた新しい北京を、誇らしく思う今日この頃である。

误译 笔者当年来北京时，北京的旧城墙早已拆除，古都风貌日渐消失，已经无法感受到曾经的老北京城的氛围，这不能不让人觉得遗憾。但如今充满活力与朝气的新北京，也值得我们自豪和骄傲。

上述误译产生的原因是译者想当然地在"当时"的后面分割了意群，将原

本完整的定语分割成了两个部分。

改译 我初到北京时还残留的古代城墙现在早已被拆除，街巷的昔日旧影渐渐淡薄，过去居民区的那种市井气息也已经消散，说实话让人略感惋怅。不过，对于生气勃勃的新北京，我现在心里充满了自豪感。

(四)时态不是可有可无的

虽然汉语中有"着、了、过"这样表示时态概念的词，但汉语语法中并没有时态的固定表达式，这对外语学习者，或者日语学习者来说，是一个必须克服的问题。

例4 名勝旧跡の多い北京は伝統的に平屋が多い都で、近代に入って「高層」建築が徐々に増えていったが、せいぜい10階建て程度のものだった。

误译 北京是一个有许多名胜古迹、也有许多传统平房的都城。近代以来北京陆续建起了一些高楼大厦，但大多也就10层左右。

这句话都是过去式，而非只有后半句是过去式。译者忽略了这一点，才会出现上面的误译。

改译 北京名胜古迹很多。过去，传统的平房是主流，到了近代，多层建筑逐渐增加，但顶多也不过是10层左右。

二、提升表达水平

(一)切忌生搬硬套

例5 公園や道を散歩する犬は、愛らしい服を着せられ、高級ブランド物の首輪と紐で繋がれている。

误译1 在公园和路上散步的小狗，被主人穿上可爱的衣服，并用高级名牌脖套和绳索牵着。

误译2 公园或是道路上随主人散步的狗，穿有可爱的衣服，被高档名牌的脖套盒绳子牵引着。

误译3 小狗们穿着可爱的衣服，被拴着名牌项圈和绳子在公园或马路上散步。

误译4 在公园或者街道上散步的狗，穿着可爱的衣服，戴着高级名牌货的脖套和带子。

误译5　在公园和路上散步的狗身上穿着可爱的衣服，脖子上挂着名牌项圈或绳子。

　　这句话的主语是狗，后面的动词用了被动形"着せられ"和"繋がれている"，意思是狗的主人给狗穿上可爱的狗服，狗的主人用名牌项圈和绳子牵着狗。如果将日语中的这种被动句原封不动地用汉语的被动句来表达，就会出现语句不通顺或者不自然的问题。因为汉语的被动句并不那么常用。误译1、2、3就是这个问题。

　　像后面两句译文中选择使用"穿着""戴着""系着"这样表示状态的词来替代原文中动词的被动形，更符合汉语习惯。但是误译4、误译5还是有动词和宾语搭配不当的问题。比如误译4"戴着脖套"是可以的，但是"戴着绳子"就有问题了。同样，误译5中"挂着项圈"可以，但是不能"挂着绳子"。

改译　在公园或街道散步的小狗们，都穿着可爱的衣服，戴着高级的项圈，拴着名牌的链子。

　　日语中的使役句也是如此，所以我们不能一看到被动态或使役态就将其翻译成汉语的被动句或使役句。

　　由于日语中有大量汉语词汇，甚至许多日汉同形词也有语义的重叠，因此初学者往往有意无意地受到日语用词的影响，在翻译时照搬这些词汇，导致误译。

例6　実は彼女たち幼い頃、たくさんの死者が出た「阪神・淡路大震災」を体験した子供たちだったのです。

误译　其实她们是体验过死伤者众多的日本"阪神大地震"的孩子们。

　　"体験（する）"有时译为"体验"，比如"貴重な体験"就译为"宝贵的体验"；有时译为"经历"，比如"おもしろい体験をした"就是"经历了有趣的事情"。初学者很容易将"体験"想当然地译为"体验"。原文中的"体験"的宾语是地震。如果你去过地震体验室，在里面感受到发生地震时房屋的晃动、家具的倒塌，那你是"体验"了地震，并非"经历"过地震。但原文中从阪神大地震的废墟中幸存下来的"她们"与此不同，因此此处不能用"体验"，只能用"经历"。

改译　其实她们曾经<u>经历</u>过死伤者众多的日本"阪神大地震"。

(二)使用规范表达方式

例7　世界貿易について見ると、19年の中国の主要貿易パートナー（国・地域）は、欧州連合（EU）、東南アジア諸国連合

(ASEAN)、米国、日本の順でしたが、今年1～5月では、ASEAN（前年同期比4.2％増の1兆7000億元、中国貿易総額の14.7％）がEU（それぞれ、同4.4％減の1兆6000億元）を上回り、中国最大の貿易パートナーとなったことが指摘できます。

误译 从世界贸易来看，19年中国的主要贸易伙伴（国家和地区）依次是欧盟、东南亚各国联盟（ASEAN）、美国和日本，而今年1～5月，ASEAN（与去年同期相比增加了4.2％，达到1兆7000亿元，是中国贸易总额的14.7％）超过EU（减少4.4％，1兆6000亿元），成为中国最大的贸易伙伴。

从内容来看上述译文并没有什么误译，问题在于画线部分词语的译文不够规范。首先，汉语中的年份均采用完整的数字表示，口语中或有"19年"的说法，但书面语中一定要写成"2019年"。其次，日语中虽然经常使用英语缩略语，但在汉语中使用"东盟""欧盟"才更规范。最后，在金额的表述方面，尤其当金额巨大时，汉语中很少使用"兆"这个词头，更多用"万亿"这种表述。

改译 从全球贸易来看，2019年中国的主要贸易伙伴（国家和地区）依次是欧盟（EU）、东盟（ASEAN）、美国和日本，而今年1到5月间，东盟（与去年同期相比增加了4.2％，达到1.7万亿元，占中国对外贸易总额的14.7％）超过欧盟（减少4.4％，为1.6万亿元），成为中国最大的贸易伙伴。

（三）提高汉语水平

虽然汉语是我们的母语，但我们不能想当然地认为用母语表达就很容易，就不会出问题。有些译文是经不住仔细推敲的。

例8 かつて健康に悪いと、「ぬれぎぬ」を着せられていたコーヒー。しかし、近年は糖尿病や脳卒中などの心血管疾患、がんなどの予防につながる可能性も報告され、その健康効果が見直されています。

误译 咖啡曾经因为对健康有害而被人冤枉。但近年来的研究发现，咖啡能有效预防糖尿病以及脑梗等心血管疾病。

"ぬれぎぬ"是"冤枉"的意思，"かつて健康に悪い"是"对健康有害"。乍一看上面的译文没有问题。但仔细推敲就会发现，上面译文的表述方式其实是承认了咖啡有害健康。"因为～而被冤枉"，前面的原因必定是个事实，所以才会是"冤枉"。比如，"因为他曾经有过前科就被冤枉是凶手"。"有前科"

必定是事实，这句话才能成立。那么原文是这个意思吗？显然不是，从下文可以得知，以前人们误以为咖啡对健康有害，现在的研究证明咖啡有预防某些疾病的功效。因此"有害健康"不是咖啡受冤枉的原因，而是人们之前对咖啡的误解。

  改译 一直被冤枉为有害健康的咖啡终于要获得"正名"了。近年来有研究证明，咖啡能有效预防糖尿病以及脑梗等心血管疾病。

  学习翻译、从事翻译的人要对语言敏感，要能够分辨细微的差异，否则难免会出现类似的误译。

第二章　翻译技巧与策略

第一节　顺译与倒译

一、句子的语序

顺译与倒译都是相对原文语序而言的。在日汉翻译中，顺译与倒译是指汉语译文与日语原文的语序之间的关系。

（一）日语的主语与谓语

- あそこのレストランは高くて、その上まずい。
- 彼は高校時代にある事件のためひどく傷ついた。

（二）日语的修饰语与被修饰语

1. *名词*
- あの子は、そんなに私のことを大事に思ってくれているのか、すこしも知らなかった。
- 帰る途中、子どもの大好きのお菓子をどっさり買って、子どもの帰りを待った。

2. *形容词*
- 顔色が悪いが、どこか悪いところでもあるのか。
- そこは電気もないし、ひどく不便なところだった。

3. *副词*
- 泥棒じゃあるまいし、裏口からこっそり入ってこないでよ。
- ことと次第によって、計画を大幅に変更しなければならなくなるかもしれない。

4. *动词*
- 風邪気味だし、それに着て行く服もないからパーティーには行かない。

- 彼女のしたことは法律の上では決して許されない。

(三)谓语动词的位置
- 家の前は年中、道路工事をしている。
- サイレンの音でアパートの住人が外に飛び出した。

(四)日语句子中各成分的语序
日语句子中各成分的语序相对比较自由。例如：
- 昨日 食堂で 裕次郎さんは 真由美さんに プレゼントを あげた。
- 裕次郎さんは 昨日 食堂で 真由美さんに プレゼントを あげた。
- 裕次郎さんは 真由美さんに 昨日 食堂で プレゼントを あげた。
- 裕次郎さんは 真由美さんに プレゼントを 昨日 食堂で あげた。
- 昨日 裕次郎さんは 食堂で 真由美さんに プレゼントを あげた。
- プレゼントを 昨日 食堂で 裕次郎さんは 真由美さんに あげた。

上述句子译成汉语可以写成下面几种语序的句子：
- 裕次郎昨天在食堂送礼物给真由美。
- 昨天裕次郎在食堂送礼物给真由美。
- 裕次郎昨天在食堂给真由美送礼物。
- 昨天裕次郎在食堂给真由美送礼物。

从上述例句可以看出，日语句子中主语总在谓语前，修饰语在被修饰语前，谓语动词永远在句末。在日语的复句中，总是从句在前，主句在后。

二、顺译

顺译，顾名思义就是基本按照原文的语序来翻译，译文的语序与原文基本相同。这里的语序，既指句中各成分的顺序，也指一个语段中多个句子的顺序。

顺译需要前提条件。首先，顺译译出的译文必须符合原文的语义。其次，顺译译出的译文必须通顺，译文语序必须符合译语语言的逻辑关系，在日译汉中，也就是译文要符合汉语的表达习惯。

例1 父は パンを泣きながら食べている 息子を 殴った。

译文 父亲打了边哭边吃面包的儿子。

例2 親には どんなに感謝しても しすぎることはないと 思っています。

译文 我觉得无论怎么感谢父母也不过分。

例3　私には　子供のごろ　犬に噛まれそうになった　記憶がある。
译文　我记得小时候，有一次差一点儿被狗咬了。

(一)可以简单顺译的例子

例1　「天下一険しい関所」など貴重な文化遺産で名をはせていた嘉峪関市は、徐々に眠っている観光資源を掘り起こし始め、文化財保護と都市計画の建設を効果的に組み合わせ、文化、観光、科学技術を融合させて独特な文化を持つ都市ブランドを打ち立てた。

译文　以"天下第一雄关"等珍贵文化遗产而闻名的嘉峪关市，开始逐渐挖掘沉睡的旅游资源，将文物保护和城市规划建设有机结合，将文化、旅游、科技融合起来，打造出了其独特的城市文化品牌。

这是一个典型的可以顺译的例子。对比译文和原文可以发现，由于译文与原文的结构相似，因此顺译译出的译文能够保证原文信息内容准确无误地再现。

例2　IOCバッハ会長はじめ、委員の皆さま、各国からご列席賜りましたご来賓の皆さま、この開会式をご覧になっている世界の皆さま、日本へようこそ、ようこそ東京へ。心から歓迎申し上げます。

译文　国际奥委会主席巴赫先生、各位奥委会委员、各国嘉宾、观看开幕式的全世界人民，我衷心地欢迎大家来到日本，来到东京！

这是2020年东京奥运会开幕式上桥本圣子致辞的开头部分，除了最后一句出于语法需要做了调整，基本全文顺译。

例3　先月、地元の男性を紹介されたが、結局会う前にお断りした。当初、互いに電話番号と微信（WeChat）の連絡先を交換し、しばらく話すうちに、気が合うと感じ、会うことになった。ところが、会う前日になって、突然『支払いは全て割り勘にしよう』と言われた。もともとそんなに気にしていなかったことだが、相手からこうもはっきりと宣言されると、逆に冷めてしまった。

译文　上个月，有人给我介绍了一个本地人，结果在正式见面前我就拒绝了他。一开始我们互相留了手机号和微信，聊了一段时间感觉

不错，就决定见面。可是就在见面的前一天，他突然和我说费用全部AA制。本来我并不在意这种事，可是他这么明白地说出来，还是让人寒心。

这段话之所以能简单顺译，除了段落由结构简单的短句构成之外，其逻辑顺序也与汉语表达习惯一致。

(二)顺译不是硬译

顺译是初学者最常采用的一种翻译方法，也许是因为顺译最"顺理成章"。但顺译并不像看起来那么简单，有时要想完成顺译需要较强的理解能力与文字表达功底。顺译不是死译、硬译，要考虑到译文的流畅性(可读性)。

例4　首相と大統領は、宇宙空間の平和的探査と利用を討議し、宇宙空間の平和利用に向かっての人類の進歩の過程における新たな道標である月、またはその他の天体を含む宇宙空間の探査と利用の際の国家活動を規制する原則に関する条約が最近発効したことに満足の意を表明した。

译文1　首相和总统讨论了宇宙空间的和平探索与利用，面向宇宙空间和平利用的人类进步过程的新路标的月球，还有包括其他天体在内的宇宙空间探索与利用时的国家活动的限制原则相关的条约，表明了近期生效的满意。

译文2　首相与总统讨论了和平探索与利用宇宙空间的问题，对最近业已生效的限制国家宇宙空间活动的原则条约表示满意，它表明人类在走向和平探索和利用宇宙空间的历史进程中的下一个目标——月球或其他天体。

例5　私の父は大酒家の部類だったと思うのだが、酒の上のことだから勘弁しろ、ということを許さなかった。酒の上のことだから勘弁しない。酒中の失策を酒に押し付けては、第一、酒が可哀相だ、という理屈であった。

译文1　我想我父亲是酒鬼的一种，但是因为是酒上的事，请原谅的事又不许。因为是酒上的事，不原谅。如果把酒中的失策强加给酒，第一，酒太可怜了。就是这么一个理由。

译文2　我父亲算得上海量，不过，他并不同意"酒后生事，情有可原"的说法。正因为(人们都知道)酒后会生事，酒后生事才不能被原谅。他认为把酒后的失当行为归罪于酒，别的不说，酒真是

太倒霉了。

比较上述两个例子的译文可以很容易地发现，译文1采用了顺译的方法，但却让人很难读懂。因为译者没能彻底理解原文，只机械地寻求词语或句子成分上的对应，这样顺译出来的译文只是死译、硬译。可见，顺译不是目的，只是一种方法，是为了达到译出原文原意且让译语读者便于理解的目的而采用的方法。如果为了顺译而顺译，就是本末倒置了。

例6　インスリンの効きが悪くなる「インスリン抵抗性」を抑えるなどコーヒーの様々な作用が、糖尿病や大腸がんの予防につながると溝上さんは見る。

译文1　沟上先生认为，抑制胰岛素效果变差的"胰岛素抵抗性"等咖啡的各种作用，可以预防糖尿病和大肠癌。

译文2　咖啡还具有抑制胰岛素抗药性（胰岛素抗药性会降低胰岛素的效用）等作用，因此沟上认为咖啡也有助于预防糖尿病及大肠癌。

译文1除了将主语"沟上先生"提前之外，整句话采用了顺译的方法。译文1在没有完全理解原文意思的情况下按原文语序生搬硬套，形成的译文必然缺乏可读性，甚至出现了误译。原文意为：咖啡还具有抑制胰岛素抗药性的作用，而"インスリンの効きが悪くなる"（胰岛素抗药性能降低胰岛素的效用）是修饰"胰岛素抗药性"的。改译后的译文2也采用了顺译的方法，但是考虑到汉语的表达习惯，译文2对词与词之间的顺序做了必要的调整，读来更加通顺。

三、倒译

倒译是指在翻译时改变原句语序的翻译方式。

在日汉翻译时，我们采用倒译的原因，一是日语和汉语语法规则差异较大，不改变语序就无法正确表达；二是为了符合汉语的表达习惯；三是出于修辞效果的需要。

倒译的类型有句内变序和句外变序。

（一）句内变序

句内变序是指在翻译一句话时改变了原文句子内各成分的顺序。

从汉日两种语言的差异性看，日语一般会将强调的部分后置，而汉语中则常常会将表示目的、列举事项、解释性的话语前置。

例7　現に、時計やカメラがいらなくなったり、通信料を払うために

カラオケやCD、本などにお金を使わなくなったりすることで、さまざまな産業に打撃を与え始めている。

译文 （手机的普及）给许多行业带来了冲击，很多人不再使用手表和相机了。因为已经交了手机话费，很多人也不再花钱买书或CD，不再去卡拉OK了。

例8 渋滞を防ぐため、日本の学界では、高速道路を乗り入れ予約制にしたらどうかという研究も進んでいる。

译文 为了防止交通堵塞，日本学界正在进行一项有关高速公路预约制的研究。

例9 事故が起こらないように、十分運転にお気をつけてください。

译文 请你专心开车，以免发生事故。

例10 また、鳥取砂丘にある鳥取大学の「乾燥地研究センター」は、サハラ砂漠など世界中の砂漠と衛星通信を使ってリアルタイムで情報を共有し、砂漠化対策のノウハウを世界に発信しています。

译文 此外，位于鸟取沙丘的鸟取大学"干燥地研究中心"利用卫星通信对诸如撒哈拉沙漠等世界范围内的沙漠进行实时信息共享，并与世界分享防治土地沙漠化的技术。

(二) 句外变序

句外变序是指译文改变了原文段落内句子的顺序。这种译法大多是出于修辞目的，或是为了使逻辑顺序更合理，以及与前后文的衔接更流畅。

例11 おにぎりは、炊いたお米を両手で握り、三角や楕円に形作ったもので、「おむすび」とも呼ばれる。塩で味付けしただけでもおいしく食べられ、何より簡単に作れて持ち運びに便利な食べ物だ。お花見や運動会、ハイキングなどにも欠かせない日本の伝統的な携行食といえるだろう。

译文 捏成三角形或者椭圆形的饭团是日本传统的野餐食品。它制作起来十分简便，只需用盐调味就能让人吃得津津有味，而且便于携带，是人们赏花、郊游及运动会时的首选。

例11的原文是三句话，译文采用了倒译及分译、合译的方法将译文处理成两句：原文第三句的后半句与第一句合并成译文的第一句；原文第二句和

第三句的前半句合为译文的一句，统一以"它"作主语。第一句给饭团定义，并且点明它是日本传统野餐食品，第二句再进一步说明饭团的特点。这样处理起来会令译文层次清楚，表达顺畅。

例12　三月半ば過ぎの日曜日のことである。昼過ぎ由木修が難波の駅に着いた時、すでに光恵は先に来ていた。朝から曇っていて、彼女の何時になく着物を着けた身体がコートの緑の色を構内のはずれの薄明かりの中で放つように、高い円屋根の下に浮き出ていた。

译文　三月过半的一个星期日，打早晨起就阴沉沉的。过晌，由木修抵达难波车站时，光恵已先到了。车站内一边高高的圆屋顶下，昏暗中浮现着她的身影，与往常不同，她今天穿了一身和服，外加一件外套，外套的绿色相当醒目。

译文首先将"朝から曇っていて"与这一段中第一句的时间状语放在了一起，营造出了天气阴沉沉的氛围，衬托出后文光恵身着服装的醒目。接下来，"高い円屋根の下に浮き出ていた"最后的谓语部分被放在句首，而原文的修饰语则变为谓语。译者采用倒译的方式准确通顺地译出了原文的意思。

四、顺译与倒译的比较

译者需要根据表达效果等多种因素自行选择采用顺译或倒译。同时，顺译与倒译也并非非此即彼，往往不涉及对错问题。我们不妨比较一下下述几个分别采用了顺译和倒译的译文，看看表达效果上有什么不同。

例13　何がおかしいんだい？家のお上さんは三毛を忘れて来たって、気違いのようになっているんじゃないか。三毛が殺されたらどうしようって、泣き通しに泣いているんじゃないか？私もそれがかわいそうだから、雨の中をわざわざ帰って来たんじゃないか？

(芥川龍之介『お富の貞操』)

译文1　笑什么？老板娘发现落下了三毛，差一点儿发疯，三毛被杀了怎么办？她一直在哭喊呢。我觉得太可怜了，就冒雨跑回来了。

译文2　笑什么？老板娘发觉落下了三毛，怕他被人打死，急得直哭，差一点儿发疯了。我心里过意不去，所以冒着大雨跑回来的呀！

上述两个译文各有千秋。译文1按照原文顺译，老板娘发现猫丢了，第

一反应是"差点儿发疯",马上担心"被杀了怎么办",所以一直在哭喊。译文2采用倒译的方式,则是老板娘发现猫丢了首先担心会被人杀了,所以着急得直哭,甚至差点儿发疯。逻辑也是通顺的。

例 14 先生に叱られたのはあなたのせいだ。

译文 1 我挨老师批评,都怪你。

译文 2 都怪你,我才挨了老师批评。

译文2与译文1相比,埋怨的语气更强烈,因为首先说了"都怪你",后面才补充了"怪你"的原因。译文1则是通常的先因后果的语序及逻辑。

例 15 あの人は、あたかもファッション雑誌からそのまま抜け出してきたかのような最新流行のファッションで全身を飾って、パーティーに現れた。

译文 1 那个人宛如刚从时装杂志上走下来的美人似的浑身裹着时装出现在晚会上。

译文 2 那人浑身上下穿着最时髦的时装出现在晚会上,宛如刚从时装杂志上走下来的人似的。

译文1更简洁,但主语"那个人"与谓语"出现在晚会上"间隔太远,从汉语的表达习惯看,主语与谓语之间有过长的修饰语会影响对句子的理解。译文2采用了倒译,读起来稍显啰唆,但比较容易理解。

◁ **练习题** ▷

1. 翻译句子,注意画线部分的译法。
(1)いかなる賞賛の言葉も彼女の前では嘘になってしまうほど、<u>彼女はすばらしかった</u>。
(2)最初のオリンピックがアテネだったということは<u>今まで知らなかった</u>。
(3)いかなる役割であろうとも、与えられれば誠意を尽くして精一杯やるのが<u>私たちの務めだ</u>。
(4)そのレストランはみんなが言う以上にサービスも味も申し分なかった。

2. 翻译以下段落。
(1)ほかの縁起物とだるまが違うのは、使われ方にある。ただ飾るの

ではなく、「願をかける」といって、願いごとをする時に使うのだ。通常のだるまには、最初、目が描かれていない。受験や選挙、商売繁盛、家内安全など、買った人が願いをこめながら片目を描き、それがかなった時に残りの一方を描き入れ、願を完成させるのだ。

(2)対岸はまだ眠っているが、こちらの村はもうさめた。うしろの茅舎（ぼうしゃ）から煙が立ち上がる。今柵（さく）を出た家鴨（あひる）は足跡を霜にかけて、くわっくわっ呼びながら、朝日を砕（くだ）いて水に飛び込む。

(3)新しく出来た高速道路が森の向こうを通っていて、車が頻繁に行き来している騒音はほとんど這い上がってこない。

　　玩具のような自動車が音もなく走っているのを眺めるのも悪くなかった。「あいつらは何だってあんなふうに忙しく走り回るんだろう。」

　　笹野（ささの）はベッドの上に上半身を起し、車の流れを眺めながらそんなことを思った。

(4)孔子はまさしく紀元前の学者、思想家、教育家であり、その生きた舞台は、中国文化発生地と目されている黄河中流地域である。生まれたのは山東省曲阜郊外の陬、曲阜は当時の魯の都である。前半生を曲阜で送り、それに続く十数年を河南省で過ごし、再び晩年は曲阜に帰っている。

第二节　分译与合译

一、分译与合译

(一)分译与合译概述

由于汉日两种语言的语法规范、习惯表达、修辞手法等方面存在差异，在翻译过程中常采用分译或合译。将原文的一个句子译成两句或更多的句子是分译，将两句或更多的句子译成一个句子是合译。

先看一个简单的分译与合译的例子。

例1　彼の家庭には犬がいる。猫がいる。一旦愛するとなると、程

　　　　度を忘れて溺愛せずにはいられない彼の性質が、やがて彼らの家庭の習慣になって、彼も彼の妻も人に物言うように、犬と猫とに言いかけるのが常であった。
- 译文　他的家中有狗，也有猫。他有时心中喜欢起来，会忘乎所以地表现出极度的溺爱来。他的这种举止不久便成了他家庭中的一种习惯——他和他的妻子常常会像对人说话似的同狗和猫讲话。

　　原文中的第一、二句合译为一句，第三句则分译为两句。可见，分译与合译并非孤立存在，在一个段落中往往交替使用两种翻译技巧。

　　从方法上看，上述例句中的分译与合译只是单纯地改变原文标点符号，将句子扩展或缩短。

　　采用这种方法分译句子时，还需要注意分译后各个句子之间的衔接。

- 例2　さらに加えれば、かつて何世紀にもわたってシルクロードを通じて東西の交易と文化の交流を重ね、文明間の相互理解を深めてきた中国の歴史の分厚い蓄積が、今の時代に大きく力になる時を迎えることになったということでもある。
- 译文　中国在过去的若干世纪里，通过丝绸之路开展了东西方经贸往来与文化交流，加深了不同文明之间的相互理解。这一历史积淀，将会成为现在这个时代的伟大助力。

　　分译时，用"这一历史积淀"中的"这一"指示代词衔接前后句。

- 例3　大学に入ったと言っても、既に父にさからって家を出ていた私には学資の出るあてはなかった。しいて言えば、母が父に隠れて送ってくれる金があるにはあったが、それもあてに出来る金ではなかった。ひと月に一度かふた月に一度、母は、手紙にしのばせて一枚の五円紙幣を送ってくれるのであったが、もし、父に見つけられたとしたら、母が父から受けねばならぬ折檻がどんなものか、その父の折檻に苦しめられつづけて家を出た私にはいやというほど分かっていたし、よし父に見つけられぬまでも母にそんな金を私に送る余裕などないことも私は知っていた。
- 译文　我虽然已经上了大学，但是既已违背父命逃出家门，究竟如何筹措学费，仍然没有着落。当然，母亲也背着父亲寄来几个钱，但终究是指望不得的。的确，老母亲每月或隔月一次，偷偷在信里

夹上五元一张的票子寄来。但是，一旦被父亲察觉，母亲将受到怎样的责难啊！我就是一直饱受父亲的折磨，最后才逃出家门的。因此，我知道后果是不堪设想的。退一步说，即使不被父亲察觉，我也深深知道，母亲哪里有钱寄给我？

原文中画线部分的一句，译文拆分成了五句。画线部分是一个多重复句，首先"ひと月に一度かふた月に一度、母は、手紙にしのばせて一枚の五円紙幣を送ってくれるのであったが"与后文是转折关系，由于后面的主句又是一个并列复句，且其中一个又有较长的修饰语，因此，译者将这一部分拆分出来单独成句。"もし、父に見つけられたとしたら、母が父から受けねばならぬ折檻がどんなものか，"是"分かっていた"的宾语，由于宾语部分过长，这部分被拆分出来单独成句，同时将"分かっていた"做了加译和分译处理，加译了"因此"和"后果是不堪设想的"。"その父の折檻に苦しめられつづけて家を出た私"本来是一个"修饰语＋中心词"的结构，分译时将中心词译为主谓结构的主语，修饰语译为谓语。这也是分译的另一种方法，即从原文中提取一部分内容，独立成句。译文最后一句的"退一步说"也是为了和前文衔接。采用了上述多种翻译技巧后的译文，不仅准确还原了原文语义，也做到了语言流畅、逻辑通顺、便于理解。

(二)分译与合译的方法

1. 分译

分译时每一个句子都需要有独立的主谓结构，我们需要从原文中为分译译出的独立句分别找出能够使译文通顺合理的主谓结构。

例4　この追川初に、一人の妙齢の娘があるという話は、研究所の伝説として古く知られていたが、少なくとも現在の所員で、その娘の存在を確かめたことのあるものは誰もなかった。

译文　就是这位追川初女士，居然有一位妙龄女儿。本来这件研究所的里的奇闻，早就传扬开了。但是直到今天，所里也没有一个人能够弄清，追川女士是否真有这么一个女儿。

画线部分本身就是一个独立的主谓结构，因此分译时不需要过多处理，单独成句即可。

例5　話しているうちに、私は腹の底から、今の日本における日本語教育の貧しさに悲しみと怒りがこみ上げてきた。

译文　说着说着，我不由得从心底里感到一阵悲哀和愤怒。如今日本国

内的日语教学状况简直太糟糕了。

画线部分是"修饰语＋中心词"的结构，这种结构一般都可以化解成一个独立的主谓结构，在此例中即"日本語教育が貧しい"。

例6　抱き合って再会を喜んでいる外国人の姿には、極めて自然な人間の感情が現されている。しかし、感情を外にあらわに出さずに、静かに心の中に包んで行動することを美しいと見てきた日本の伝統の世界では、西欧の挨拶の仕方は、「映画のようだねえ」とおばあさんに眺められてしまうのである。

译文　外国人喜欢用拥抱来表示重逢的喜悦。他们的这种举止是人类感情的自然流露。但是，日本是个传统的社会。人们感情不外露，喜欢悄悄藏在心底。他们认为这样去为人处事是一种美。所以，西方人的问候方式，在老太太眼里，"就像电影一样了"。

第一句分译时将原文中"抱き合って再会を喜んでいる外国人の姿"这一"修饰语＋中心词"的结构单独成句，在分译译出的第二句前加上了"他们的这种举止"，既作为下一句的主语，也是与前一句的衔接。原文的第二句则分译为四句，且调整了语序。"感情を外にあらわに出さずに、静かに心の中に包んで行動することを美しいと見てきた日本の伝統の世界"这种多重修饰的结构在译为汉语时大多采用分译的方式，首先我们要理清每一重修饰语和其所修饰的中心词，按照逻辑顺序组织好译文，否则要么译文会令人难以理解，要么会导致误译。此处按照逻辑顺序，首先说明"日本是个传统的社会"，接下来说明如何传统，"人们感情不外露，喜欢悄悄藏在心底"，最后具体说明"他们认为这样去为人处事是一种美"。有了前面的三句对日本社会传统之处的具体描述，第四句的"所以"也就衔接得顺理成章了。

2. 合译

与分译时需要找出独立的主谓结构正相反，合译则需要删去多余的主谓结构。

例7　揚げたてをいただく。香ばしい皮と柔らかい白身にかぶりつく。しっかりとかめば、細かい骨も食べられる。決まった食べ方はない。肩肘張らずに味わう湖の幸だ。

译文　来一口刚出锅的华子鱼，大口咬开喷香的表皮和软嫩的鱼肉，细细咀嚼，会发现连细小的鱼骨也是可以吃的。华子鱼在吃法上并没有什么讲究，食客们大可放松身心，尽情享受湖中的珍馐。

原文的前三句都是在说吃华子鱼的过程。译文与原文一样都省略了主语"食客们",但谓语部分"大口咬开"到"细细咀嚼"连贯紧凑,充分表达了华子鱼的美味。

例8 3年間という期間はあっという間にすぎてしまいますので、しっかり目標を立て、自分自身の技術、知識のレベルを向上させてください。そして、ぜひ仕事の面、私生活の面で有意義な3年間を過ごしていただき、日本に来て良かったという経験をたくさん積んでください。

译文 三年的时间十分短暂,我希望你们能确立明确的目标,提高自身的技术和知识水平,无论在工作方面还是在生活方面,都能过得非常有意义,不虚度这三年时光。

原文虽然是两句,但都表达了说话人的祝愿之意,因此可以合译为以"我希望"为主谓结构的句子。

合译并非短句的专利,如有必要,长句也可合译。

例9 彼は歌や発句が作れないとは思っていない。だから勿論その方面の理解にも、乏しくないという自信がある。が、彼はそういう種類の芸術には、昔から一種の軽蔑を持っていた。何故かと言うと、歌にしても、発句にしても、彼の全部をその中に注ぎ込むためには、余りに形式が小さすぎる。だから如何に巧みに詠みこなしてあっても、一句一首の中に表現されたものは、抒情なり、叙景なり、僅かに彼の作品の何行かを充たすだけの資格しかない。そういう芸術は、彼にとって、第二流の芸術である。

译文1 他并不认为自己不会作和歌、俳句。当然,他自信对这方面还懂得不少。但是他一向看不起这一类的艺术。因为不论和歌还是俳句,篇幅都太小,不足以容纳他的全部构思。抒情也好,叙景也好,一首和歌或俳句不论作得多么出色,把它的思想内容填在他的作品里也仅仅是寥寥数行而已。对他来说,这样的艺术是二流的。

译文2 他不认为自己不能写和歌和俳句,自信对此道也不乏了解,可是他对这种艺术形式一向轻视,以为把全部精力放在这种写作上,未免大材小用,不管一句一行表现得多么出色,抒情也罢,写景也罢,只够充当他小说中的几行,终究是第二流的艺术。

译文 1 完全按照原文断句，并未采用合译。语义准确、语句通顺。但与译文 2 比较，会发现采用了合译的译文更加简洁紧凑。

二、长连体修饰语的分译

日语中长连体修饰语比较常见，连体修饰语在汉语中称为"定语"。在日译汉中，并非所有的长连体修饰语都需要分译。不分译时，需要注意按照汉语中多重修饰语的语序习惯组织译文。

汉语中多重修饰语的语序由远及近通常为：领属关系、指示代词和数量词、动词结构、形容词结构、表性质属性的词。

例 10　外国文明を進んで取り入れる日本人の伝統的な性格
译文　日本人主动吸收外国文明的传统性格

例 11　竜吉は高く取り付けている小さい窓の下に座った。
译文　龙吉坐在一扇开得很高的小窗子底下。

长连体修饰语的分译方法主要有以下三种。

(一)中心词提出单独译，再译修饰语

例 12　濡れはしないが、なんとはなしに肌の湿る、霧のような春雨だった。
译文　春雨似雾，虽然不会濡湿，却会浸润人的肌肤。

将中心词"春雨"作为主语，原文的修饰语自然成为谓语的一部分。

例 13　今の日本の貧困援助は、当事者が自活し脱貧困するための人材育成や関連技術の習得が中心です。
译文　日本现在的扶贫援助就是以培养相关人才和培训相关技术为主的，目的是帮助受助者做到自食其力摆脱贫困。

"当事者が自活し脱貧困するための"是"人材育成や関連技術の習得"的修饰语，同时也是后者的目的，因此这里先译中心词，再译修饰语目的从句。

(二)先译句子主干，修饰语部分单独成句

例 14　モデルとなったのは、5世紀頃にインドで生まれ、のちに中国で禅宗を開いた達磨大師といわれる。
译文　(不倒翁)的原型是达摩大师。达摩大师于五世纪在印度出生，后来在中国开创了禅宗。

例15　まず、主食の米には、頭脳の働きを高める機能で知られているレシチンや、腸を丈夫にするオリゴ糖、血圧の安定に役立つ作用で期待されているガンマ・アミノ酪酸などが含まれている。

译文　首先，作为主食的米饭里，含有卵磷脂、寡糖和伽马氨基丁酸。卵磷脂可以提高大脑功能，寡糖可以强健肠胃，而伽马氨基丁酸具有降血压的作用。

这一句如果不分译，则可以译为："首先，作为主食的米饭里，含有可以提高大脑功能的卵磷脂、可以强健肠胃的寡糖和具有降血压的作用的伽马氨基丁酸"。考虑到"卵磷脂、寡糖和伽马氨基丁酸"这些词都不是人们日常生活中常见的词汇，因此先提出这三个词，给读者一个印象，后一句继续说明三者分别有何功效，更易于理解。

例16　水谷というのは、神戸のオリエンタル近くの、幸子たちが行きつけの美容院の女主人なのである。

译文　水谷是神户东方饭店附近一家发廊的女老板，幸子姐妹是那里的常客。

这一句也可以译为："水谷是幸子姐妹常去的发廊的女老板，她的发廊就位于神户东方饭店附近"。只是，如此翻译的话，下文一般会接着叙述与发廊相关的事情，而如果采用例句译文的方式，接下来则可能叙述水谷与幸子姐妹的交往。后者更符合原文逻辑。

例17　ペットのストレス解消には、専用の温泉や、指圧、アロマセラビー、泥パックなどを受けられる美容院が応えてくれる。

译文　为了给宠物们缓解压力，宠物美容院应运而生。这里可以提供温泉洗浴、指压按摩、芳香疗法、矿物泥护理等多种服务。

上述几个例句之所以采用分译，大多是由于译文不符合汉语的表达习惯。而且，汉语句子中，如果主语与谓语、谓语与宾语之间有太长的修饰语，会导致句子的理解难度增大。

(三)有效利用标点符号

例18　人の病気のうち、最も死亡率の高いものは脳卒中だという調査結果が明らかになった。

译文　调查结果表明：人类疾病中死亡率最高的是脑出血。

例19　中国は国連の主要機関の一つである安全保障理事会の5つの常任理事国の一員である。

译文　中国是联合国主要机构——安理会的五个常任理事国之一。

既然修饰语是限定、修饰中心词的，就有对中心词的说明、描述的作用。这一作用在汉语中也可以通过"："或"——"等标点符号来实现。

(四)不改顺序逐步拆分，与下文用指示代词衔接

例20　こんな広いところで、旅客の顔も見られず、時間が無茶に余っているという状態で、人々は奇妙に退屈していた。

译文　在如此宽敞的地方，却不见一个旅客的身影，我们整日无所事事。这情景实在令人感到十分无聊。

例21　また、だるまの誕生は今から約200年前といわれているが、これほど長い間愛されてきたのは、「起き上がり子法師」と呼ばれる独特の形にも秘密がある。倒れそうになってもまたまっすぐに戻るその様子が、悪いことが起きても立ち直る、不屈の精神を思い出させてくれるからだ。

译文　不倒翁又被称为"扳不倒的小法师"，自从两百多年前出现以来，就一直受到人们的喜爱。它"不倒"的秘密就在于它独特的形状，每一次眼看就要倒下了，可只要一松手，它又会顽强地立起来。人们从不倒翁的身上能体会到不向任何困难低头的不屈不挠的精神。

这类句子中长修饰语所修饰的中心词，往往成为后一句的主语，但要注意增加合适的代词与前文衔接。

◀ **练习题** ▶

1. 翻译下列句子，注意合理使用分译、合译的方法。

(1)いいなあ、田舎は東京や大阪のあの埃っぽい雑踏と耳を押さえたくなる騒がしさの中から帰ると、余計によさがわかるわ。

(2)昭和十三年九月末、ある真夜中住み慣れた蔵王山麓のＳ村を隣家にも気取られないように手早く、そのくせ、物音も立てないようにひっそりと発ってきた一家が目指すＳ市についた時は、もう日の出も間近いころだった。

(3)そこだけが騒々しい東京の賑わいから置き忘れたように、静かな

木立に取り囲まれていた。その木立がこぶしに白く色どられ、やがて桜の花びらに埋もれ、新緑にかわってゆくのを私は茗荷谷ハウスというそのアパートの西野の部屋から眺めながら、西野の上京を待った。

(4)その下宿をやっと探し当てるまで、私は一緒に大学を受けた新野という高等学校で同級の友人のアパートにいた。大学の入学試験が終わっても帰って行く家のない私は、新野のためにアパートを探すということでいくらかの金を新野からもらい、東京に居残った。

(5)彼はその時壁の後ろから、助ければ助けることの出来る炭坑夫の一度聞いたら心に縫いこまれでもするように、決して忘れることの出来ない、救いの求める声をはっきり聞いた。

(6)そこには、結婚やマイホーム購入なども見込んだ収入・支出のグラフが定年まで描かれており、老後の年金プランまで算出されていました。

(7)無料サンプルを直接自宅に届けることで購入層の拡大を狙った市場戦略は功を奏した。

(8)アルゼンチンの首都ブエノスアイレスでトンネルを掘り、貸し金庫室から推計650万ドルを奪って逃走するという、映画を地で行く強盗事件があった。

第三节　加译与减译

一、加译

加译，是把原文中的隐含的意义或省略的句子成分等内容在译文中表达出来。需要注意的是，加译并非按照译者喜好随意增加，加译的目的是使译文能够准确、通顺、易懂。

最常见的加译是出于日汉两种语言结构的差异，需要加译人称代词、名词、数量词等。

(一)加译名词

例1　鳥取大学の遠山正瑛先生が始めた植樹プロジェクトも、当初は

100万本のポプラを植えるなど無理だと言われました。

译文 鸟取大学的远山正瑛老师发起的植树项目，要种植一百万棵白杨树。当初<u>有人</u>说这根本不可能。

例2 今採られている措置は住宅問題の緩和に有効だと<u>考えられる</u>。

译文 <u>政府</u>目前采取的措施有效缓解了住宅紧张问题。

"～と言われる"和"と考えられる"是日语中常用的句式，这里不仅要变为主动语态，还要加译人称名词或根据语境加译主语，如例1加译了"有人"，例2加译了"政府"作为主语。还有其他一些不出现施动者的被动句，必须加译出施动者才符合汉语的表达习惯，比如，"なめられている"应译为"被人小瞧了"。

例3 並んでいるね。

译文 <u>这么多人</u>排队呀！

越简单的句子越难翻译。在本例中，如果不加上"这么多人"这一主语，只是翻译成"正在排队"就要闹笑话了。

例4 いくらでも欲しいだけやる。

译文 <u>你</u>想要多少<u>我</u>就给<u>你</u>多少。

例5 工場案内はすでにお手元にあると思いますが、詳細な資料につきましては見学後にお渡しする予定です。

译文 <u>您</u>应该已经拿到了<u>我们</u>工厂的简介，详细的资料在<u>您</u>参观结束后<u>我们</u>会发给您。

日语中不仅省略主语，还会省略你、我、他等人称代词，这主要是因为日语中有授受动词及其补助用法、敬语等，所以可以在不出现人称代词的情况下清楚地表明物或人情的往来。但译为汉语时如果不加译人称代词，则根本无法译出。

(二) 加译动词

汉语是以动词为核心的语言，谓语中动词比例最高。而日语中除了动词谓语句，名词谓语句和形容词谓语句也很常见。另外，日译汉时有时还需要加译"想""要""会"等具有情态意义的助动词，句子才能通顺、自然。

例6 田中さんは足が速い。

译文 田中<u>走得</u>很快。

例7　メールでも電話でも、相談にのりますので、連絡ぐらいはしてください。
译文　发邮件也好，打电话也行，总之请与我联系。

例8　乳児に安心の水を確保してください。
译文　确保婴儿用水安全。

例9　英語でも、日本語でも、言語として成立するには二つの要素が必要だ。語彙と文法だ。
译文　英语也好，日语也好，但凡语言至少需要具备两个要素：词汇与语法。

例10　試合のとき、観客は審判を尊重し、たとえミスジャッジがあっても、やじったり騒いだりしないこと。
译文　比赛时观众应尊重裁判，即使有误判，也不应起哄、喝倒彩。

(三) 加译数量词

日语中的单数很少会出现数量词，这与汉语不同。汉语中的"一个"有限制、专指的作用，也有调整语气的作用。

例11　青蔵高原と黄土高原に挟まれた地域にこのような美しい村落があるとは思いも寄らない。
译文　很难想象在青藏高原与黄土高原过渡地带，有这样一个美丽的村落。

例12　おでんは大根、こんにゃく、さといも、昆布、豆腐などと、ちくわ、はんぺん、さつま揚げなどの練り製品を大鍋で煮込むもの。
译文　关东煮是将萝卜、魔芋、芋头、海带、豆腐，和鱼糕、鱼肉山芋糕、炸鱼饼等鱼肉制品放在一起煮制而成的一道菜肴。

例13　明朝以来600年の歴史を持つ嘉峪関関城は常に文化と物資が交流する中心地だった。しかし大砂漠の中という過酷な生活環境はついに都市を人口密集地にすることはできず、キャラバンが絶えず行き来する険しい関所にしかならなかった。
译文　明朝以来，拥有六百年历史的嘉峪关关城一直是文化和物资交流的一个中心。但是因为大漠中艰难的生活环境，终究没能在此形成一座人口密集的城镇，而仅仅是一个不断有商队过往的关隘。

(四)结合语境而进行的加译

例14　大雪にもかかわらず、この年始年末は、高速道路の混雑がひどくなかった。渋滞が昨冬より4割減り、長くても30キロほどだった。料金自動払いの車が増えたほか、多くの運転者がピークを避けたらしい。

译文　去年年底和今年年初尽管下了大雪，但高速公路并不怎么拥挤。堵车比去年冬天减少了四成，最长时也就是30公里左右。<u>原因是</u>采用自动付费的汽车增加了，而且很多司机都避开了高峰期。

例15　フィギュアには、アニメーションの登場人物や特撮怪獣をはじめ、数多くの種類があり、それぞれの種類の収集家が急速に増えている。

译文　还有以动画中的人物或特摄怪兽为原型的多种手办。<u>随着手办的风靡</u>，手办收藏家也越来越多。

(五)为了便于读者理解而进行的加译

例16　二人は写真屋に入った。少年の父の官吏が遠く転任する。別れの写真だった。

译文　两人走进了照相馆。因为他即将随调动工作前往<u>外地</u>了，所以他和儿子来拍张照片作为临别<u>留念</u>。

例17　新中華街は、かつて中国貿易の舞台だったところ。わずか200m四方の町に、中華料理店や雑貨店がひしめいている。長崎の名物料理「ちゃんぽん」は、100年ほど前に、中華料理店・四海楼で生まれた。中国の麺料理を基に、示エビやイカ、モヤシやキャベツなど、いろいろな食材を盛り込んだ栄養満点の料理だ。「ちゃんぽん」は、「いろいろなものが混ざった」という意味の言葉になったほど、日本中に広まっている。

译文　新中华街过去曾是与中国贸易的舞台。仅仅200米见方的街区里，挤着一家又一家的中餐馆和杂货店。长崎的名吃"鸡汤面"便始创于一百多年前一家名为四海楼的中餐馆。"鸡汤面"是在中国式的汤面上，浇上炒好的虾、鱿鱼、豆芽和卷心菜等，营养丰富，味道鲜美。<u>鸡汤面在日语中写作"ちゃんぽん"，读作"tyanpon"。它</u>

的读音据说就是源自中文"搅和"。随着"鸡汤面"在日本越来越受欢迎,"ちゃんぽん"一词在日语中也可以表示"各种东西混杂在一起"的意思。

为了让读者理解鸡汤面一词为何会在日语中表示"各种东西混在一起"的意思,就需要先说明鸡汤面在日语中的读音及由来,如果没有解释说明,仅照字面意思翻译,中国读者是无法理解的。这种情况下的加译是必要的。

(六)出于词语搭配习惯的加译

例18　美しい景色とともに、旅の楽しみといえばご当地グルメである。

译文　除了<u>欣赏</u>当地美景,旅行的另一个乐趣无疑是<u>品尝</u>当地美食。

"美景""美食"是"乐趣",不符合汉语的搭配习惯,因此需要加上相应的动词。

例19　通常のだるまには、最初、目が描かれていない。受験や選挙、商売繁盛、家内安全など、買った人が願いをこめながら片目を描き、それがかなった時に残りの一方を描き入れ、願を完成させるのだ。

译文　通常人们买来的不倒翁都是没有眼睛的,为了祈祷考试<u>通过</u>、选举<u>成功</u>、生意兴隆,或者家人平安,人们要虔诚地给不倒翁画上一只眼睛。当自己的愿望实现之后,再画上另一只眼睛以还愿。

原文只有"受験や選挙",但如果译为"祈祷考试和选举",就会导致逻辑不通,因此要加译与之搭配的词语,组成合适的偏正词组。另外,这样组成的四字短语也可以与下文的"生意兴隆""家人平安"呼应,读起来更朗朗上口。

(七)其他加译

例20　「勉強も、スポーツも、つまんない。先生は反省しろって言うけど、よくわかんないよ。」

译文　"学习也好,运动也好,都没什么意思。老师让我反省,<u>可我不知道有什么可反省的</u>。"

二、减译

减译,是通过删减或提炼总结的方法使译文简洁准确的一种翻译方式。

(一)删减原文中"多余"的部分。

例21　代助の父には一人の兄があった。直記といって、父とはたった一つ違いの年上だが、父よりは小柄なうえに、顔付目鼻立ちが非常に似ていたものだから、知らない人には往々双生児と間違えられた。

译文1　代助的父亲有一个哥哥，名叫直记，比代助的父亲仅仅年长一岁，不过身体比代助的父亲要瘦小些。他们俩脸型、眼睛、鼻子长得非常相像，所以不知底细的人常误以为他们是孪生兄弟。

译文2　代助的父亲有一个哥哥，名叫直记，比代助父亲仅大一岁，但要瘦小些。两人极相像，常被误以为是双胞胎。

译文1中，"瘦小"本身就指身体，"相像"通常都是指脸部包括五官的相似，因此可以删减掉"身体"和"脸型和眼睛鼻子"。能够"误以为"的肯定是"不知底细"的人，因此也可以删减。

例22　中華鍋で熱した油に、塩と酒をもみ込んだ魚を1尾ずつゆっくり入れていく。揚がり具合を確認するため、素手で魚に何度か触る。4、5分たち、十分に<u>火が通ったら</u>、油を切って。

译文1　炒锅烧油，将腌制过盐和酒的鱼一条一条慢慢放入油锅。厨师有时为了确认鱼炸得好不好还会徒手触碰。只需四五分钟，充分<u>让热油接触鱼的每个部位</u>，捞出沥干油，<u>就完成了</u>。

译文2　厨师在烧热的油锅中依次放入用盐和料酒腌好的鱼。炸制过程中，厨师会数次用手触摸锅中的鱼以确认炸制程度。大约四五分钟后，鱼已炸透，捞出控油。

"<u>出来上がりだ</u>"是日语中必须有的谓语部分，否则句子不完整，但汉语译文中没有"就完成了"也完全不影响表达。其次，"<u>让热油接触鱼的每个部位</u>"可以简洁地说成"炸熟"或"炸透"。译文2的语言更符合汉语表达。

（二）提炼总结，使译文更简洁准确

例23　「まず、150円という安さ。そしてなんといって、この値段では考えられないほど精密で完成度が高いことでしょう。動物好きで、少年の心を持つ、才能ある原型師、松村しのぶがこの大ヒットを作り出しました」と宮脇さん、90％以上のお客さんが男性で占められていたフィギュア市場だったが、チョコエッグによって女性客が増えたことで、ますます市場が拡大している。

译文 1　宫胁说："首先是150日元的低价格。还有，在这个价格上难以想象到的精良做工与高品质。而设计出这一系列的是我们的原型师松村。他不仅才华横溢，还童心未泯，十分喜欢动物"。巧克力蛋的热销吸引了越来越多的女性顾客，这使得原先男性顾客占90%的手办市场得到了进一步的发展。

译文 2　宫胁说："应该是超高的性价比：150日元加高质量。而设计出这一系列的是我们的原型师松村。他不仅才华横溢，还童心未泯，十分喜欢动物。"巧克力蛋的热销吸引了越来越多的女性顾客，这使得原先男性顾客占90%的手办市场得到了进一步的发展。

译文1中，"首先是150日元的低价格。还有，在这个价格上难以想象到的精良做工与高品质。"低价格、高品质不就是性价比高吗？因此此处完全可以采用提炼总结的方法，译为"超高的性价比"。

(三)出于语法或表达习惯差异的减译

例 24　本論文の課題は、トヨタの労働現場のあり方を労働者の視点から調査・分析する<u>ことにある</u>。

译文　本文将从工人的视角对丰田公司的工作环境进行调查和分析。

例 25　一連の動きで気になるのは、米国側に同盟国の利益の認識が甘くなっているのではないか、<u>ということだ</u>。

译文　最近一连串的事件，让人觉得美方似乎未能对盟国利益引起足够的重视。

日语中的形式名词不用译出。

例 26　死ぬ前に<u>せめて一度会って</u>、一言でも挨拶したい人はたくさんいる。

译文　在离开这个世界以前，有许多人我都想亲自与他们话别。

例 27　開いているかもしれないと思って<u>一応</u>行って見ましたが、やはり閉まっていました。

译文　我抱着一线希望去看了一下，结果已经关门了。

为了强调的表达方式根据汉语的表达习惯，可以不译出。

例 28　注目すべきは世界経済における中国のプレゼンスに変化が出ている<u>ことでしょう</u>。

译文 值得关注的是中国在世界经济中的地位发生了变化。

句末的委婉表达方式可以不译出。

例29 今後は中国との協力もできればと思っています。
译文 我期待今后能与中国开展类似的合作。

例30 将来について、アドバイスを頂けたらと思います。
译文 我希望您能就我的将来给我点儿意见。

用于表示愿望的假定形可以不译出。

例31 まずは、私の復縁体験を聞いてください。私の場合、大好きな彼から突然連絡がなくなりました。
译文 请大家先听听我是怎么和我男友复合的。我和男友的感情一直很好，可是有一天他突然就不和我联系了。

例32 また経済にとどまらず、上海協力機構をはじめとする多様な国際的協力システムによって平和的な共存の道がひらけていることも忘れてはならないだろう。
译文 不仅在经济领域，通过上合组织等多元国际合作机制也能构建和平共存的道路。

诸如"场合"等形式名词可以不译出。

(四) 减译不等于漏译

例33 1958年に「酒泉鋼鉄公司」の設立に伴い、中国全土から来た20万人の建設関係者が関城に暮らすことになり、嘉峪関はわずか数十年で工業都市として栄えるようになった。今日、市の中心を通過する道路を走ると鉄製の彫像が次々と目に飛び込んでくる。さまざまな時代を象徴するさびた彫像たちは鉄鋼業によって栄えた工業都市の物語も伝えているように見える。

译文1 1958年伴随着"酒泉钢铁公司"的建立，来自全国各地的20多万建设者聚集在这里，自此嘉峪关开始了其作为工业城市的几十年辉煌。今天，如果我们通行在穿过市中心的道路上，陆续映入眼帘的是大量铁制的雕像。它们代表着不同的时代，也向我们诉说着这个城市作为一个钢铁工业城市曾经的繁荣。

译文2 1958年，酒泉钢铁公司成立，来自全国各地的20万建设者们聚集在这关城下生活，嘉峪关在短短几十年间，成为一座工业化

城市。今天，行车在嘉峪关市的中轴路上，铁铸的雕像便一个接一个地映入眼帘。这些带有不同时代印记的微有锈迹雕像，仿佛还在诉说着这座依傍钢铁工业而建立的工业城市的故事。

减译只是删减重复冗余的部分，并不等于漏译。译文1用"它们"指代"さびた彫像たち"，漏译了"さびた"。结合上下文可知，这段话意在说明嘉峪关作为一个工业城市曾经的辉煌，如果没有点出"雕像"的微微锈迹，会有损对原文语义的传达。

◀ 练习题 ▶

1. 请指出下面译文漏译之处，改正，并说明理由。

大庭真藏という会社員は東京郊外に住んで京橋区辺りの事務所に通っていたが、電車の停留所まで半里以上もあるのを、毎朝欠かさずにテクテク歩いて運動にはちょうどいいと言っていた。

译：大庭真藏是一家公司里的职员，他住在东京郊外，工作地点则在市内京桥区附近。从家里到电车站有半里多，这一段路程他每天早晨总是徒步走去，据说正好借此运动运动。

2. 翻译下列句子，注意应加译、减译的部分。
(1) 彼は死んでもうこの世にいないということが、まだ私には信じられない気がする。
(2) 彼女は愛国心というものを持っていないだろうか。
(3) 今後ともよろしくご指導くださいますようお願い申し上げる次第でございます。
(4) あの人のことだから、忘れずに持って来てくれるに違いない。
(5) 状況を説明する言葉をじっくり考えた。彼に電話した。
(6) 中国にとって貧困削減の次の課題は「量」から「質」への転換です。
(7) すでにご承知のように、石川県は海が近いこともあり、魚介類をはじめとした食物がおいしく、また水も豊富でお米やお酒もおいしいところですので、食生活の面でも満喫していただけることと存じます。
(8) 家電業者では、「冷蔵庫の日」（毎年夏至）などのように製品にちなんだ日を記念日としてキャンペーンを展開している。「掃除機」

（ゴミゼロで5月30日）、「洗濯機」（水の日で8月1日）、「換気扇」（イイ空気で11月9日）。

第四节 翻译中的转换

在日译汉时，我们会遇到词性的转换、肯定与否定形式之间的转换、语态的转换等。这些转换有些是由于语言或文化的差异而不得不进行的，有些则是为了更好地传达原文、照顾译文读者的习惯或修辞效果的需要。

一、词性转换

（一）名词——动词

例1　料理の材料は春夏秋冬の季節のものが<u>中心</u>。
译文　日本的饮食多以应时应季的新鲜食材为主。

例2　これにはもう完全に<u>脱帽</u>である。
译文　对此，我佩服得五体投地。

例3　今日はキャベツと牛肉が<u>お買い得</u>です。
译文　今天的卷心菜和牛肉买得很划算。

类似的词还有"図星"（说中）、"絶交"（井水不犯河水）、"お見通し"（预见）、"乗り気"（积极）等。

（二）动词——形容词

例4　この「日本食」は昨今、欧米諸国を中心にその評価を<u>高めている</u>。
译文　近来欧美各国对日本饮食的评价越来越高。

例5　いい論文が書ければ、たとえ徹夜していても頭も心も<u>すっきりしています</u>。
译文　如果能写出自己满意的论文，即使熬了夜，也会神清气爽。

例6　壁が茶色なので、白の方が<u>映える</u>。
译文　墙是咖啡色的，你穿白色比较显眼。

例7　貧富の差がますます<u>広がる</u>。

译文　贫富差距越来越大。

(三)自动词——他动词(带宾语)

例8　ここ最近、日本政府の機密情報がマスコミに流れています。
译文　最近，日本的新闻媒体掌握了不少国家机密。

例9　年がばれた。
译文　我不小心暴露了年龄。

例10　電話に出ませんね。
译文　没人接电话呀。

例11　お茶が入りました。
译文　茶沏好了。

二、肯定与否定形式之间的转换(也称反译)

日语中双重否定形式使用较多，在汉语译文中是否仍采用双重否定的形式，需要根据语境、表达效果来定。

例12　鳥取大学の遠山正瑛先生が始めた植樹プロジェクトも、当初は100万本のポプラを植えるなど無理だと言われました。しかし先生は、「一本一本から始めなければ砂漠の緑化はできない」と主張されました。

译文1　鸟取大学的远山正瑛老师发起的植树项目，要种植一百万棵白杨树，当初有人说这根本不可能。但远山老师认为，只要把树一棵一棵地种下去就能绿化沙漠。

译文2　关于鸟取大学的远山正瑛教授发起的植树运动，当初也曾有人认为种植100万株白杨树是不可能的。但是，远山教授主张："如果不一棵一棵地开始种，沙漠绿化是不可能的。"

比较译文1、2，语义表达上没有区别，但采用"如果不……就不可能……"虽然有强调作用，但含有消极的语义。用"只要……就……"表达的效果则更加积极。

反译只是否定与肯定形式之间的转换，并非改变原文原意。

例13　「ああ、私は水がのみたい。」「もう少し行かないと、水はないですが、ジュースではいけませんか。」

译文 "我真想喝点儿水啊!""再走一会儿才能找到水,喝点儿果汁行吗?"

例14 ゆっくりしていってください。この前の話の続きもある。

译文 多坐一会儿吧,上次的事还没说完呢。

例15 しかし、多くの発展途上国では、ワクチンの普及は依然として進んでいない。

译文 但在许多发展中国家疫苗普及依旧举步维艰。

例16 トランプ前大統領の人気はいまだに根強いことを考えると、バイデン大統領になったからといってこれまでの強硬な対中政策を急に変えることも難しいだろう。当面は現状維持でいくのではないかと思う。

译文 考虑到前任总统特朗普的影响力犹在,拜登政府不大可能立即改变迄今为止强硬的对华态度,而是会暂时维持现状。

三、句子成分的转换

例17 華子魚は、ヘシグテン(克什克騰)旗西部にある赤峰市最大の湖、ダライ・ノールで捕れる。

译文 华子鱼的产地达里诺尔湖(简称达里湖)位于克什克腾旗西部,是赤峰市最大的湖。

原文的主语是"华子鱼",译文中将主语换成了"达里诺尔湖"。这句话也可以采用分译的方式译为"华子鱼产自克什克腾旗西部的达里湖。达里湖是赤峰市最大的湖",但转化主语后的译文更加简洁。

例18 さかのぼれば、自動車などなかった紀元前から、渋滞は都市を悩ませてきた。

译文 早在没有汽车的公元前,城市就饱受交通堵塞的困扰。

日语中使用被动语态有时是为了整句的统一,因此在译为汉语时需要酌情转换主语。

例19 腕から血を少しとられ、血沈を調べるから、しばらく待つようにと言われた。

译文 他在我胳膊抽了一点儿血,说是验血沉,叫我等一会儿。

四、语态转换

(一)日语被动句的翻译

与日语相比，汉语较少使用被动句。除了部分日语被动句仍可译为汉语的被动句外，下列类型的被动句则不需要转译。

日语中被动句的基本用法之一是表示"受害"或"不愉快"。此类被动句在译为汉语时重点在译出其"受害"或"不愉快"，不用过多关注语态问题。

例 20　夕べは一晩中子供に泣かれて一睡も出来なかった。
译文　昨晚小孩子哭了一夜，吵得我一点儿也没睡成。

例 21　そんな所に荷物を置かれては困る。
译文　把行李放在那儿怎么成！

例 22　王さんに二時間も待たされた。
译文　小王竟然叫我等了两个钟头。

例 23　下手な長演説は聴衆に閉口される。
译文　蹩脚的长篇大论叫人听了生厌。

例 24　猫の手も借りたいほど忙しい時に君に行かれたら、こっちはどうなるんだ。
译文　忙得不可开交的时候，你走了，叫我们怎么办啊。

上述译文均没有译为汉语的被动句，而是通过加译部分词语，比如"吵得""竟然叫我""怎么成"等体现出原文"不愉快"的含义。

与使役动词结合的被动语态（使役被动态）可转译为主动语态。使役被动态本身就表示"受害""不愉快"或某种感情、情绪"油然、自然而然"地产生。它强调施事者的主动性或事物本身的积极作用，受事者的心理状态是由于这种主动、积极作用引起的，甚至是被迫的。

例 25　徐さんは若いころ、地主の作男で、一日十八時間も働かされた。
译文　老徐年轻时给地主当长工，一天得干上十八个小时。

例 26　いくらいい音楽でも、毎日のように聞かされるといやになるものですよ。
译文　要是天天叫你听，不管多好听的音乐，你也会听腻的。

例 27　彼の熱心さには感心させられる。
译文　他如此热情令人感佩。

例 28　中国労働者の意気込みに驚かされたと日本の友人は語った。
译文　日本朋友说，中国工人的干劲儿叫人惊叹。

例 29　古参労働者の話を聞いて日頃の自分を反省させられた。
译文　老师傅的一席话让我不由得反省自己平时的所作所为。

表示婉转语气的被动句，常用的有"言われる""考えられる""思われる"等，也可译为主动语态。

例 30　イオン交換樹脂は今後予想される厳しい工場排水の規制に対しては唯一の可能な手段と考えられる。
译文　可以预料，对工厂废水排放的规定今后将更加严格，而离子交换树脂的应用可能成为处理和控制废水的唯一手段。

例 31　これも静電気災害の一つの特徴であると考えられる。
译文　也可以把这看作是静电灾害的一个特点。

以抽象名词为受动者、不含受害意义的被动句一般译为汉语的主动句。当然这些句子在语态转换的同时，部分主语也发生了转换。

例 32　日頃の努力がやっと報われた。
译文　平时的努力终于开花结果了。

例 33　困難なときこそ、その人の真価が問われる。
译文　困难时期最能看出一个人的品质。

例 34　上海は1949年5月28日解放された。
译文　1949年5月28日上海解放。

例 35　石油危機の1970年代、米国では二人以上が乗る車専用の車線が設けられた。
译文　在出现石油危机的20世纪70年代，美国为乘坐两人及以上的汽车设置了专用车道。

(二) 日语使役句的翻译

使役句的最基本用法就是表示"使、令、让"等意义，这一类使役句可以译为汉语中的祈使句。

例 36	おふくろは荷物から茶碗と箸を出して、百合子に洗って来させた。
译文	妈妈从行李里拿出小碗和筷子叫百合子去洗。
例 37	多分お前がいなくなったら、（彼らは）私を二人前働かせようとするでしょう。
译文	你走后（他们）或许会叫我做两个人的工作。
例 38	社長は35歳の張貴景氏。周囲の100以上の茶農家と提携して生葉を買い集め、現地で製茶している。十数年前に近くに水力発電用のダムが建設され、それに伴って道路整備が行われた機を捉えての発展で、それまでは完全に孤立していたこの地域を活性化させている。
译文	35岁的张贵景是公司的总经理，他与周边100余户茶农合作收购生茶，在当地制茶。十多年前，为了用水力发电，当地修建起一座水库，并随之开始修路。张贵景抓住这一契机发展茶业，让这片一直以来完全封闭的区域焕发勃勃生机。

如果日语中的使役态表示的是因某个原因而自然触发某种状态或思想感情的变化，则按照汉语表达习惯翻译。

例 39	私たちが訪ねてきたことは、余程主人の心を悦ばせたらしい。
译文	我们的来访，似乎很使主人高兴。

这一句也可以采用转换主语的方式，译为"看到我们来访，主人很高兴"。

例 40	「昨晩はありがとうございました」と（彼女は）きれいなお辞儀をして、立ったままの私をまごつかせた。
译文	"昨晚，谢谢您。"她说着，恭敬地行了礼，弄得我站在那儿不知怎么是好。
例 41	春に入って淋しく暖かい雨垂れの音を聞いていると、何となく春の近づくことを思わせる。
译文	入春以来，独坐静听暖雨檐滴声，不由得感到春天越来越近了。

日语中的使役态还可以表示"容许""放任"或"谦虚"等，此时按照句义翻译。

例 42	泣きたければ泣かせておけ。
译文	想哭就让（他）哭。

例43　あんな大人向きの映画を子供に見させていいのですか。
译文　那种大人看的电影能让小孩看吗？

例44　ご主人の杯をお借りして、ここにおられる諸先生のご健康を祝して乾杯させていただきます。
译文　请允许我借主人的酒杯，为在座的各位老师的健康干杯！

使役态也可以表示因果关系。

例45　設計ミスが飛行機を墜落させた。
译文　设计失误导致了飞机失事。

例46　失言が大臣を失脚させた。
译文　失言致使大臣下了台。

部分自动词需要带宾语时会使用使役态，此时的使役态起他动词作用。

例47　林さんを南京へ急がせた。
译文　叫老林赶往南京。

(6)使用使役态的惯用句，需整体翻译。

例48　突然の悲しい知らせにクラス一同は顔を曇らせた。
译文　听到这个令人悲痛的消息，全班同学不由得神色黯然。

例49　もっと頭を働かせましょう。
译文　你再好好想想。

例50　「どうして来なかったの」と聞かれると、彼は一瞬顔を曇らせた。
译文　当被问到"为什么没来"时，他的脸色一沉。

例51　足を滑らせ、屋上から転落した。
译文　脚下一滑，(他)从屋顶上摔了下来。

◁ **练习题** ▷

1. 翻译下列段落。
(1)品揃えが良く、割引率も高くなるため、ダブル11は毎年、本好きな人にとっても非常に人気の高いイベントとなる。大手ECサイト・当当網の統計によると、今年の「ダブル11」が始まってわずか1分で、314万5762冊の本が売れ、11月11日の1日における

本の売上高が前年同期比219％増となった。

「爆買い」が終わり、自分が購入した本のリストをSNSに投稿している人もいれば、「いいなと思って、速攻で買ってしまった。でも、本がたくさんたまっていて、いつ読み終わるか分からない」という声を寄せているネットユーザーもいる。

(2)「ダブル11」（11月11日のネット通販イベント）の大量ネット通販消費がますます大きな消費の「ブラックホール」を形成し、イベント前後のネット通販消費を呼び込む効果がある。今年の「ブラックフライデー」は11月23日で、2012年以来の「ダブル11」に最も近い「ブラックフライデー」になった。EC業者は「ダブル11」後も残されている最後の「収穫地」を巡って、より研ぎ澄ました高級志向の経営販売戦略を相次いで打ち出し、年末の一大キャンペーンの中で再び売り上げを増やし、ユーザーを増やそうと試みている。

(3)人工知能（AI）技術を駆使して修復された映像「100年前の老北京」が中国のネット上で大きな話題となり、11日午後の時点で、「いいね！」60万回以上、コメント3万3000件以上が寄せられている。ネットユーザーたちは、「これはまさに100年前のvlogだ！」との声を上げている。わずか10分間の映像だが、「城門は往来する人であふれ、繁華街もにぎわっており、礼儀正しく挨拶し合う人々、飲食店で食事をしている人、街中で露店を出している人、寺で線香を上げている人、葬儀のシーン」などその情報量は非常に豊富だ。

(4)全世界に眼を向けると、中国人は「フードデリバリー」を世界一愛する国民かもしれない。中国インターネット情報センター（CNNIC）が発表した第44回「中国インターネット発展状況統計報告」から、2019年6月の時点で、中国におけるオンラインフードデリバリー利用者数は4億2100万人に達し、ネットユーザー総数の約5割を占めることが判明した。

中国フードデリバリー業の市場規模は、2019年上半期に約2623億元（1元は約15.1円）に上り、2018年に4613億元だった年間取引額は、2019年には6035億元まで増加し、名目増加率は3割を上回る見通しだ。

第五节　词语的翻译

一、词译得好，可使译文增色不少

例1　中国の居酒屋は庶民向けというより、むしろ町のホワイトカラーのような中流階層を目当てにしているのではないかと思われる。店の中の雰囲気も日本の一般の居酒屋とは違い、イマイチの感を免れない。もちろん利用者の中には<u>気を腐らして腹いせに一杯</u>という者もないではないが、総じて客は紳士的で、日本の居酒屋のように、店のおかみさんに気軽に<u>話し掛けたり</u>、周りの常連と<u>話し込んだり</u>、仲間と一緒に<u>上司の陰口をたたいた</u>りする光景は見られない。

译文1　中国的居酒屋和日本的不同，它的定位并非面向普通市民，而是白领阶层。店里的氛围也和日本通常的居酒屋不同，总觉得少点什么。虽然也有人心情不好来喝酒消愁，但大部分顾客还是理性绅士的，很少看到像日本人那样，在居酒屋里和店主或其他顾客聊天，或是和同事一起起劲儿地说上司坏话的情景。

译文2　不过，比起平民百姓，白领等中产阶级才是中国居酒屋的主要客户。店内的氛围也和日本普通的居酒屋不太一样，总觉得哪里差了点什么。当然，也会有<u>郁郁不得志</u>的客人来这里<u>借酒消愁</u>，但总体而言，中国的居酒屋内的客人更加端庄。像日本的居酒屋那样，和老板娘<u>闲谈</u>、与周围的常客<u>热聊</u>、和同事一起<u>抱怨抱怨领导</u>，这样的场景很少在中国的居酒屋中看到。

　　从词语翻译的角度讲，两个译文高下立现。译文2巧妙地使用两个成语"郁郁不得志"和"借酒消愁"准确地点出了部分居酒屋客人的形象。译文1将"話し掛ける"和"話し込む"笼统地译为"聊天"，但两者是有区别的，且原文中还有聊天对象，因此译文2分别译为"闲谈""热聊"更加准确。

例2　「髪は？」と、少女に小声で言った。少女はひょいと少年を見上げて頬を染めると、<u>明るい</u>喜びに目を輝かせて、子供のように、素直に、ばたばたと化粧室へ走って行った。

　　　少女は店先を通る少年を見ると、髪を直す暇もなく飛び出して来たのだった。海水帽を脱いだばかりのように乱れた髪

が、少女は絶えず気になっていた。しかし、男の前では恥ずかしくて、後れ毛を掻き上げる化粧の真似も出来ない少女だった。少年はまた髪を直せと言うことは少女を辱めると思っていたのだった。

　　　化粧室へ行く少女の<u>明るさ</u>は、少年を<u>明る</u>くした。その明るさの後で、二人はあたりまえのことのように、身を寄せて長椅子に座った。

译文　"头发……"少年对少女小声说。

　　　少女猛然抬头望了望少年，脸颊倏地绯红，眼睛闪烁着光芒，充满了<u>明朗</u>的喜悦。她像孩子般乖乖地碎步走到了化妆室。

　　　方才少女看见少年经过门口，顾不及整理一下头发就飞跑出来，头发蓬乱得像是刚摘下游泳帽似的。少女一直为这乱发耿耿于怀，可是在男子面前连拢拢两鬓的短发修饰一下也觉得害羞。少年也觉得，如果对她说声"拢拢头发吧"都会羞辱少女的。

　　　向化妆室走去的少女那股子<u>快活劲儿</u>，也<u>感染</u>了少年。喜悦之余，两人理所当然地互相依偎着坐在长椅子上。

　　这是川端康成短篇小说《雨伞》中的一段。小说叙述的是一对互相有好感的少年男女，因少年要随父亲远行，因此请少女一起去照相，而拍照这件看似平凡的琐事，却成了他们情感发展的一个微妙转折点。原文正是对这一微妙转折的描述。

　　一个"明るい"的三种不同形式，正好体现出了两人之间关系的微妙变化。叶渭渠的译文并未拘泥于"明るい"的本义，而是根据小说的主题和情节的发展，分别译为"明朗""快活劲儿""感染"，充分地体现了主人公的心理变化。

二、结合语境确定词义

　　词义不是一成不变的。查字典虽然可以帮助我们明确词语的原义，但大多时候还是要结合语境来进行准确的翻译。

　　例3　華子魚は14年、中国中央テレビ（CCTV）の人気グルメ番組『舌尖上的中国（舌の上で味わう中国）Ⅱ』で取り上げられたこともある。赤峰市内のレストランの厨房に入ると、料理人が華子魚の身に<u>切り込み</u>を入れているところだった。中華鍋で熱した油に、塩と酒をもみ込んだ魚を1尾ずつゆっくり入れていく。

>　**译文**　在2014年央视播出的美食纪录片《舌尖上的中国（第二季）》里，就曾出现过华子鱼。华子鱼被送入赤峰市内的餐馆后厨，厨师在鱼身上<u>打上花刀</u>，用盐和料酒腌好，然后将一条条鱼依次放入烧热的油锅中。

"切り込む"本身只有"切入、砍入"的意思，这里是指厨师在处理华子鱼。既然是整条送入油锅的，那肯定不能切断。为了入味，那自然只能是用刀划开鱼肉。因此，译为"打花刀"是最符合实际的。

>　**例4**　実は「クルマ社会」最大の問題はドライバーに<u>「その担い手」</u>という認識が欠けていることではないでしょうか。
>　**译文**　"机动车社会"最大的问题可能在于司机缺乏对道路交通的一份<u>"责任感"</u>。

"その担い手"是"承担者"的意思。这句原文出自一篇介绍社会中停车难、堵车、交通事故激增等问题的文章，由此可知此处的"その担い手"应指驾驶员自身的责任意识。

>　**例5**　（華子魚は）決まった食べ方はない。<u>肩肘張らずに味わう</u>湖の幸だ。
>　**译文**　华子鱼在吃法上并没有什么讲究，食客们大可<u>放松身心，尽情享受</u>这来自达里湖的美味。

"肩肘張る"是骄傲自满、盛气凌人、摆架子的意思，这里用它的否定形式。结合前文提到华子鱼烹饪方法简单而美味，吃法上又没什么讲究，因而译为"放松身心，尽情享受"。

>　**例6**　また、留守中のペットの様子が心配なら、外から携帯電話の画面でチェックまでできる。オーストラリア出身の友人も、「日本人は、ペットを<u>擬人化</u>している！」と驚いていた。
>　**译文**　要是你外出时又不放心你留在家中的宠物了，还可以将宠物在家中的情形传到你的手机上。一位来自澳大利亚的朋友惊呼："日本人完全<u>把宠物当人</u>了。"

这段原文主要说的是宠物能享受到和人一样的很多服务，日本人也十分喜欢宠物，因此此处的"擬人化"不妨直接译为"把宠物当人"。

三、词义的引申、扩大或缩小

在依据语境确定词义并翻译时，词义往往会出现引申、扩大或缩小。

例7　到着されたばかりで住まいや生活環境の面でご心配のことと思いますが、最初の1年間の研修期間中に日本語を研鑽し、日本の習慣、マナー並びに配属先の基本的な規則を理解していただきたいと存じます。

译文　你们刚到这里，在一个陌生的地方居住、生活，心里一定很不安。我希望你们在研修的第一年先努力学习日语，了解日本的风俗习惯、礼节，以及研修单位的基本规定。

"研鑽"的本义是钻研、研究，但如果了解到这是一篇欢迎赴日研修生的致辞，就应该知道此处致词人并非意指让研修生们钻研进而精通日语，因为他们赴日的目的是学习技术。因此译为"努力学习日语"就足够了。

例8　忙しくて家に戻ると疲れてしまっているので、夜には食器を洗いたくない。

译文　（我）实在是太忙了，晚上回到家已经很累，不想再洗碗了。

"食器"虽然是餐具的意思，但按照汉语的表达习惯就是"洗碗"而不是"洗餐具"。

例9　数字の取れない番組なんて本当に作る意味あるんですか。

译文　收视率低的节目有制作的必要吗？

这里的"数字"指节目收视率的数字，因此必须译为"收视率"。

例10　当機は車輪部分に不具合が見られるため、羽田空港に緊急着陸します。

译文　由于飞机机轮发生故障，本次航班将在羽田机场紧急降落。

飞机的"車輪"是机轮，此处发生了词义的缩小。

例11　ジョメ君のことを身近に感じた彼女たちは、「今度は、私たちが元気つけるんだ。」と心に誓いました。

译文　她们对阿里的境遇感同身受，心中暗暗发誓一定要帮助（他）振作起来。

"身近"在此处不再是与自己紧密相关或空间上就在身旁的意思，而是心理上更深刻地感受到自己与对方在一起，能够体会对方的心情，因此引申为"感同身受"。

四、词义色彩和词语搭配

1. 褒贬色彩

例12 みな一斉に、この小さな画面から情報を得たり、友達の輪を広げたり、ゲームに興じたりするのに夢中になってしまったのだ。

译文 大家热衷于从手机的小小屏幕中获得信息，联络友情，参与游戏。

"热衷于""沉迷于"都可以用来翻译日语的"夢中"，但从词义色彩上看一个属于褒义，一个属于贬义。此时需要根据上下文判断文中对人们越来越多使用手机的态度，从而决定是选择褒义词还是贬义词。

2. 语体色彩

例13 また、だるまの誕生は今から約200年前といわれているが、これほど長い間愛されてきたのは、「起き上がり子法師」と呼ばれる独特の形にも秘密がある。倒れそうになってもまたまっすぐに戻るその様子が、悪いことが起きても立ち直る、不屈の精神を思い出させてくれるからだ。

译文 不倒翁又被称为"扳不倒的小法师"，自从两百多年前出现以来，就一直受到人们的喜爱。它"不倒"的秘密就在于它独特的形状，每一次眼看就要倒下了，可只要一松手，它又立马顽强地立起来。人们从不倒翁的身上能体会到不向任何困难低头的不屈不挠的精神。

"立马"无疑是个口头语，此处应使用"立即"或"立刻"。

3. 词语搭配

例14 八百万の神々を信じるといわれる日本人の暮らしには、さまざまな縁起物（幸福を招くもの）が存在する。だるまは、数ある縁起物の中でも、日本人に最も親しみ深いもののひとつ。

译文 日本是一个信仰多神的国家，在日本人的生活中自然也离不开求神许愿的吉祥物（能招致幸福和好运的东西）。在众多的吉祥物中，不倒翁是最受日本人青睐的一种。

"招致"搭配的通常是坏事，比如"招致灾祸、招致不幸"等，因此对于吉祥物的说明，不能用"招致"，而是"带来"幸福。

五、日汉同形词的翻译

日汉同形词，指日语与汉语写法相同或近似的词，可以分为形义均相同的词、形同义不同的词、形同义部分相同的词。日汉同形词是翻译中的"陷阱"，不论初学者还是有经验的译者，都有可能受到日语汉字的影响。上述几类中，最不容易出错的是形同义不同的同形词，最容易出错的反而是形义均相同的同形词。

例15 宮脇さんが少年のころ、怪獣やヒーローの人形は、本物と比べると、変形され、精密ではないものばかりだったという。

译文 宫胁小的时候，那些怪兽和英雄人物的模型大多粗制滥造，严重失真。

例16 また、政府は2003年5月に「健康増進法」を施行。法律に、デパートや劇場、飲食店など、多くの人が利用する施設では「受動喫煙を防止するために必要な措置を講ずるように努めなければならない」という項目を盛り込んだ。

译文 另外，日本政府于2003年5月出台了《健康增进法》。该法规定，在商场、剧院、餐厅等公众聚集的场所，"必须采取措施防止二手烟的危害"。

例17 皆さん方のお国の会社のことはよく分かりませんが、日本人は当事者意識が強く、職場の問題を自分のこととして捉えます。

译文 我不太了解贵国的企业文化。在日本企业里，职员的主人翁意识比较强，企业的事也就是自己的事。

◀ **练习题** ▶

1. 翻译下列句子，注意画线词语的译法。

(1) 乳母はけなげにも姫君のために、骨身を惜しまず働き続けた。が、家に持ち伝えた螺鈿の手箱や白金の香炉は、何時か一つずつ失われていった。と同時に召し使いの男女も、誰からか暇を取り始めた。

(2) 南アメリカの地形は、北アメリカと似ており、西部の太平洋岸には、高くて険しいアンデス山脈が火山とともなってほぼ南北には

しり…
(3)史記・漢書その他古代中国の諸文献に見える異民族についての記録に、居住形態について城郭の有無の記述を伴うことは、古代中国人の基本的な居住形態としての都市観の反映であろう。
(4)一年に4回以上会うようにひとつがんばりましょう。
(5)日本の学校教育の特徴の一つは「がんばり」精神だ。
(6)留守電には、「がんばれ」という友人からのメッセージが一杯入っていた。
(7)片手だけ手袋がかっこいいと思った。
(8)かっこいいことばかりは言っていられない。
(9)若い人たちが毎日楽しく、豊かに、かっこよく会社に来られるようにしたい。
(10)我々GMはグローバルということがかっこよかった前からグローバルだった。

2. 下面是一些有日汉同形词的句子，请将其翻译为汉语。
(1)拘束時間10時間、実働8時間の勤務です。
(2)今日は衝突事故が多い。
(3)問い合わせが殺到している。
(4)どんどん使えば当然、あっという間にその薬に対し耐性が出来る。
(5)彼の病状は昨晩峠を越えて、現在は小康状態にある。
(6)企業は国際競争に勝ち抜くために、いろいろな工夫をしている。
(7)どの小説も書き出しには力が入っているもので、一見さりげないようでも、作者はそれなりに気合や工夫を込めている。
(8)不景気のため長年続いた優雅な生活が破綻した。
(9)野球ぐらいで仕事をおろそかにする奴は社会人失格だ。
(10)自分から見て理想的な相手であっても、相手からみると必ずしも理想的とは言えない。一方通行の関係もあります。

3. 请翻译下列句子，注意"自然"一词的译法。
(1)そこではまた起床後より夕食時限までは寝台上に横たわることを許されないが、これは人間の自然を奪い取ることである。
(2)その次、日本語は自然に書いていった場合に意味がはっきりわか

りにくいということがあります。
(3)急速に気温が低下していくにつれて、野中観測所が自然に対していかに無防備であったかを示し始めていた。ストーブだけでは暖は取れなくなった。いくら着ても寒かった。そういう時、懐炉を抱くことは非常に効果があった。
(4)車体の動揺のためかと思ったのですが、それにしては、指の動きが不自然だ。スリかな、と思ったけれど、僕は黙っていました。
(5)こんな話をすると、自然その裏に若い女の影があなたの頭をかすめて通るでしょう。…こうした邪気が予備的に私の自然をそこなったためか、または私がまだ人慣れなかったためか、私は初めてそこのお嬢さんに会った時、へどもどした挨拶をしました。その代わりお嬢さんのほうでも赤い顔をしました。

第三章 笔译实训(一)

第一节 外交领域

外交通常是指一个国家在国际关系方面的活动,主要有访问、谈判、交涉、缔结条约、发出外交文件、参加国际会议和国际组织等形式。外交活动涵盖面广,涉及政治、经济、文化、科技、教育等多个领域。

外交类翻译的主要内容是在各种外交、外事场合中的讲话、文件及新闻报道,往往口译、笔译均有涉及。如在讲话、演讲前将稿件翻译好,再到现场进行口译。又如在谈判、交涉时不仅需要在会场进行口译,还需要在会后将谈论的内容与结果落实在文字上,形成公报、条约、协议、备忘录等。

外交类翻译具有极强的政治性,体现着明确的方针政策和外交立场,对涉及国家统一、领土主权完整和重大国家利益的词句,一定要把握好分寸。同时,在国际交流不断扩大的今天,在各类国际场合中都可以听到中国声音。这就要求在学习者必须深刻了解新时代外语工作者应肩负的职责,在翻译理论学习和实践的过程中,不断丰厚自身专业素养,同时注重外交类翻译的政治性。

基于此,翻译学习者首先必须熟悉国家政策,了解有关外交的背景知识,如重大事件及文件等。其次,需要不断积累相关用语、常用表达方式和外交新词。最后,还要熟悉不同场合的外交口吻、语气,以及国家领导人、外交部发言人在讲话、演讲时的不同风格特点。除此之外,还需要关注国家在外交方面新闻报道的不同角度及语言特点。

第一篇

●原文

日中平和友好条約締結40周年記念レセプション
安倍総理挨拶(抜粋)

今からちょうど40年前、日中平和友好条約が締結されました。日中平和友好条約の締結40周年という記念すべき年を、中国の皆様と共に、心からお祝いしたいと思います。

……

この条約には、日中関係の礎となる、重要な原則が定められています。「恒久的な平和友好関係を発展させる。」「すべての紛争を平和的手段により解決する。」「覇権を求めない。」以来、これらの諸原則は、日中関係を導く羅針盤となってきました。

……

本日、私は、日本の総理として7年ぶりとなる中国への公式訪問を開始します。今回の訪問が、40年前の条約に込められた先人たちの日中両国の平和と繁栄、友好への誓いに改めて思いを致し、今後の新たな日中関係を切り拓く契機となることを期待しています。

本日は、日中双方から、条約の締結に携わられた当時の関係者、そしてその後の日中関係の発展に様々な立場から御尽力された数多くの方々にお越しいただいています。この機会に、皆様の多大な御功績に対し、改めて深い敬意を表します。

……

この40年間の日中関係を支えてきたもの、そして、これからの日中関係を支えていくものは、国民同士の絆です。うれしいことに、今年の国慶節に、中国人の方々が最も訪れたい場所として選んだのは日本でした。最新の世論調査で、日本に良い印象を持つ中国人の方々の割合が大幅にアップしています。相互理解を増進する上で何より重要なのは、直接足を運び自らの目でありのままの姿を見ることではないでしょうか。

……

今、両国が進む航路の先には、協力の大海原が大きく広がっています。今回の訪中を通じ、皆さん、力を合わせて、日中友好の船を前へ前へと進めていこうではありませんか。

最後に、改めて日中平和友好条約締結40周年をお祝いし、日中の友好協力のますますの発展、御列席の皆様の御健勝、御多幸を心から祈念いたしまして、私の御挨拶とさせていただきたいと思います。ありがとうございました。

(政策研究大学院大学・東京大学東洋文化研究所．日中平和友好条約締結40周年記念レセプション：安倍総理挨拶 [DB/OL]（2018-10-25）[2023-03-21].https://worldjpn.net.)

◉ 参考译文

日本首相安倍晋三在纪念中日和平友好条约
缔结40周年招待会上的致辞（节选）

今年是《日中和平友好条约》缔结40周年，非常高兴能与中国的各位人士共同庆贺。

……

日中和平友好条约规定了日中关系基础的重要原则——"发展持久的和平友好关系""用和平手段解决一切争端""不谋求霸权"。条约生效后，这些原则成为指引日中关系发展的指南针。

……

今天我作为日本首相，时隔7年对中国进行国事访问。通过本次访问，我希望重温老一辈政治家们在四十年前写入《日中和平友好条约》的和平友好誓言，同时期待这将成为今后开辟日中新关系的契机。

今天，有许多日中相关人士到场。其中，既有人当时就参与条约缔结，也有人后来从各方面为促进日中关系发展做出诸多贡献。借此机会，我要对各位的伟大功绩再次表示深切的敬意。

……

支撑这40年中日关系以及今后中日关系的，是我们两国的国民。很高兴日本被中国游客选为今年国庆期间最想去的国家。最新舆论调查显示，中国人对日好感度也有大幅提升。我认为，增进相互理解的关键，就是亲身前往、亲眼目睹、亲身体验。

……

现在，在我们两国航行的前方，是一片广阔的合作海洋。我希望通过本次对中国的访问，与各位齐心协力，共同让中日友好航船不断驶向更远的前方。

最后，我要再次祝贺日中和平友好条约缔结40周年，衷心祝愿日中友好合作日益发展，祝愿各位身体健康、幸福美满。我的致辞到此结束。谢谢。

● 分析

在着手开始翻译之前的第一步，我们需要通过原文的文体确定译文的文体，此举是为了最大程度上保留原文的行文特点。

这篇文章节选自日本前首相安倍晋三在中日和平友好条约缔结40周年上的致辞。由于致辞、讲话、演讲、发言这一类讲话语体较为正式，因此在词汇的选择上不能过于口语化，而应使用较为正式的表达，以体现致辞、演讲的正式、严谨和文雅。

● 词语的翻译

レセプション：欢迎会，招待会

羅針盤：指南针

公式訪問：正式访问，国事访问

絆：纽带，羁绊

世論調査：舆论调查，民意调查

大海原：汪洋大海

除了这篇文章出现的"日中平和友好条约"（中日和平友好条约）外，在中日两国领导人讲话、新闻报道、记者会中，还会经常引用以下历史事件、重要文件，需要再不断积累：

日中国交正常化：中日邦交正常化

村山談話：村山谈话

日中の四つの政治文書：中日四个政治文件

日中共同宣言：中日联合宣言

日中共同声明：中日联合声明

● 句子的翻译

原文1 今回の訪問が、40年前の条約に込められた先人たちの日中両国の平和と繁栄、友好への誓いに改めて思いを致し、今後の新たな日中関係を切り拓く契機となることを期待しています。

误译 此次访问，再次思考40年前被写入《中日和平友好条约》的、先人

们的和平繁荣友好誓言，期待成为开辟今后中日新关系的契机。

参考译文 通过本次访问，我希望重温老一辈政治家们在四十年前写入《日中和平友好条约》的和平友好誓言，同时期待这将成为今后开辟日中新关系的契机。

如上译文将"先人たち"直接使用日语的汉字词进行汉译，译为"先人们"。不论是"先人"还是"前人"都仅译出了其字面意思，表达过于宽泛。具体而言，这里的"先人たち"指的是四十年前参与推动《中日和平友好条约》*成功签署的中日双方领导人及有关人员，中文中常称呼其为"老一辈政治家"。

其次，日语中常省略主语，在日汉翻译时往往要先补齐主语，再进行翻译，否则就会出现误译中语句结构逻辑混乱的情况。根据动词"思いを致す""期待している"可以推断出词句的主语即为讲话人"我"，而不是"今回の訪問"（此次访问）。因此，我们进一步整理句子结构，将其译为"通过此次访问（我）希望重温……，期待……"。

此外，"40年前の条約に込められた先人たちの日中両国の平和と繁栄、友好への誓い"一句是日语特有的长定语句，可将"四十年前被写入《中日和平友好条约》的"和"老一辈政治家们的"调换顺序，采用句内变序的方法译为"老一辈政治家们在40年前写入《中日和平友好条约》的"，不必教条的遵循日语表达顺序。

原文2 本日は、日中双方から、条約の締結に携わられた当時の関係者、そしてその後の日中関係の発展に様々な立場から御尽力された数多くの方々にお越しいただいています。

译文1 今天，有许多中日双方参与条约缔结的相关人士、后来从各方面为促进中日关系发展作出贡献的人到场。

译文2 今天，有许多中日相关人士到场。其中，既有人当时就参与条约缔结，也有人后来从各方面为促进中日关系发展做出诸多贡献。

翻译该句时可采用分译的方法，将原文的一个句子拆分成两个句子。如若不拆分，硬是维持原句结构逐句翻译，就会造成如译文1一样头重脚轻的不平衡感。所以，考虑到中文的表达习惯，应将"本日は、中日双方から、

---

* 本文为日本首相发表的讲话，为保留原文讲话者语气，译文将其译为《日中和平友好条约》，但在汉语语境下，通常应将代表中国的"中"放在前面，表述为"《中日和平友好条约》""中日关系"等。

多くの方々にお越しいただいています"分译出来，使其独立成句。而将其他部分分译成第二句，具体说明"多くの方々"是谁。译文2就采用了分译的方法，表达流畅且信息传递准确。

原文3 相互理解を増進する上で何より重要なのは、直接足を運び自らの目でありのままの姿を見ることではないでしょうか。

译文1 增进相关理解中比任何事情都重要的是，动身前往当地亲眼看看其真实情况。

译文2 增进相互理解的关键，就是亲身前往、亲眼观看、亲身体验。

"何より重要なのは"可像译文1一样直译为"比任何事情都重要的"，但更好的译法是像译文2一样删繁就简地用"关键"一词概括，不拖泥带水。译文1的后半句同样采用的直译的方式，意思传递正确。相比之下，译文2使用了复句排比，每个复句前都有一个"亲"字，显然译文2行文更简洁且具有节奏感，语势更强。

第二篇

◉**原文**

上野公園で鑑真銅像除幕式

東京の上野公園で20日、彫刻家として国際的に評価される中国美術館の呉為山館長が手掛けた作品の「鑑真銅像」の除幕式が行われた。

中国在日本大使館の孔鉉佑大使、東京都の小池百合子知事、三宅伸吾外務大臣政務官らがともに銅像の除幕を行った。

孔大使はあいさつで、「鑑真和上は中日文化交流の歴史の先駆者であり、両国の長い友好交流の歴史のシンボルでもある。両国の国交正常化50年に際して『鑑真銅像』が上野公園に末永く屹立することになったことは、重要な意義を持つ」と述べた。

小池知事は、「鑑真和上は度重なる困難を乗り越えて来日を果たし、日本文化に大きな影響を与えた」と述べ、「交流を通じてすばらしい未来を共に築き上げる」ことに期待を示した。

1200年余り前に、中国唐代の高僧・鑑真和上は日本への渡航を試みた。5回にわたる失敗などの苦難を乗り越え、6回目にようやく成功した。日本に着いたのは西暦735年である。鑑真和上は日本で仏教を広め、さらに唐招提寺の建立に尽力した。また唐の文化を日本に普及さ

せ、日本の医学、建築、芸術などの発展に大きく貢献した。日中両国の国民は今も、両国の友好を促進した鑑真和上に敬愛の情を抱いている。

(中国国際放送局.国際的彫刻家 · 中国美術館呉為山館長作『鑑真銅像』:上野公園で除幕式[Z/OL](2022-07-20)[2023-03-21].https://japanese.cri.cn/2022/07/20/ARTI7dwc9ZxMf6SAJFXwTDL2220720.shtml.)

◉ **参考译文**

鉴真铜像在日本东京上野公园揭幕

雕塑作品《鉴真像》揭幕仪式于20日在东京上野公园举办,该作品出自国际知名雕塑家、中国美术馆馆长吴为山之手。

中国驻日本大使孔铉佑、东京都知事小池百合子、日本外务大臣政务官三宅伸吾等共同为铜像揭幕。

孔铉佑在致辞中说,鉴真大师是中日文化交流史上的先驱,也是两国悠久友好交流史的象征。在中日邦交正常化50周年之际,"鉴真像"永久矗立于上野公园,具有重要的意义。

小池百合子表示,鉴真大师克服重重困难来到日本,给日本文化带来巨大影响,期待通过交流共筑美好未来。

一千两百年前,唐代高僧鉴真历尽磨难,经历了五次失败,终于在753年第六次东渡日本成功。鉴真大师在日本弘扬佛教,主持修建了唐招提寺,还把当时的盛唐文化也带到了日本,为日本的医学、建筑、艺术等领域的发展作出了重要的贡献。鉴真大师促进了中日两国间的友好交流,直到今天也一直受到两国人民的敬爱。

(央视新闻客户端.吴为山雕塑作品《鉴真铜像》在日本东京落成揭幕[Z/OL].(2022-07-20)[2023-03-20].https://content-static.cctvnews.cctv.com/snow-book/index.html?item_id=4000134421547469239)

◉ **词语的翻译**

彫刻:雕刻

手掛けた:亲自动手

除幕式:揭幕仪式

中国在日本大使館:中国驻日本大使馆

鑑真和上:鉴真大师

先駆者:先驱

シンボル:象征

乗り越える：（乗车、船）等通过；战胜困难，度过危机
唐招提寺： 唐招提寺

● 句子的翻译

原文　東京の上野公園で20日、彫刻家として国際的に評価される中国美術館の呉為山館長が手掛けた作品の「鑑真銅像」の除幕式が行われた。

误译　在东京上野公园，20日，举行了在国际上被评价为雕塑家的中国美术馆馆长吴为山的亲手作品"鉴真像"的揭幕仪式。

参考译文　"鉴真铜像"的揭幕仪式于20日在东京上野公园举办，该作品出自国际知名雕塑家、中国美术馆馆长吴为山之手。

原文是一个标准的日语长句，而误译采用了完全直译的方式，不符合中文的表达习惯。在翻译此类长句的时候，可使用分译的方法使句子逻辑更符合中文习惯。首先第一步，拆分出主句"東京の上野公園で20日""「鑑真銅像」の除幕式が行われた"，再将"鑑真銅像"的定语部分"彫刻家として国際的に評価される中国美術館の呉為山館長が手掛けた作品"单独翻译成一个句子，并对词汇表达进一步进行调整。

第三篇

● 原文

共に未来に向かい、新たな1ページ刻もう（抜粋）

　　北京冬季五輪が滞りなく幕を下ろしました。中国は簡素で安全ですばらしい五輪を世界に届けました。日本各界の五輪への応援と祝福に感謝します。

　　新型コロナウイルスが世界に拡大する中で、両国は東京と北京で五輪を成功させました。人種、国家、文化、価値観の違いを乗り越え「より速く、より高く、より強く、共に」という五輪の新たなモットーを体現しました。地球規模の課題が次々と現れ、地政学的な衝突のリスクが高まる中で、これまで以上に連帯と協力が必要とされています。「共に未来へ」というスローガンを掲げた北京冬季五輪が世界の連帯に貢献すると信じています。

　　中日は今年9月、国交正常化50周年を迎えます。この半世紀、各分野の交流・協力は質的な飛躍を遂げました。貿易総額は30兆円を超え、

中国で事業を展開する日本企業は約3万社に上ります。コロナの感染拡大前、両国の人的往来は年間1200万人に達しました。地方間の友好都市は260組以上もあります。こうした成果は両国の数世代にわたる努力のたまものです。

　中日の平和のためには、平和的発展の道を歩み続け「互いに協力のパートナーであり、互いに脅威とならない」という政治的コンセンサスを実行することが肝要です。中日間の四つの政治文書とこれまでの各コンセンサスに従い、意見の相違を適切に処理し、海洋関連や安全保障分野の危機管理を強化し、不測の事態を防がねばなりません。戦略的な意思疎通を強化し、相互の信頼感を高める必要があります。

　中日の協力のためには、自信を胸に、オープンな姿勢で各分野の実務的な協力を進め、共通の利益を拡大させ、ウィンウィンの関係を終始、その基調にしなければなりません。両国には、真の多国間主義を共に実行し、地域の開発協力と世界経済の回復を後押しし、地球規模の課題に協調して対処し、地域と世界をより良くする責任があります。

　国交正常化50周年という新たな出発点に立ち、共に初心を固め、勇躍前進して、中日の平和、友好、協力の新たな1ページを刻もうではありませんか。

　（楊宇．共に未来に向かい、新たな1ページ刻もう［N/OL］．毎日新聞．（2022-2-23）［2023-03-10］．https：//mainichi.jp/articles/20220223/ddm/007/050/035000c．）

●参考译文

一起向未来，共写新篇章（节选）

　　2022北京冬奥会圆满落下帷幕，中国为世界奉献了一场简约、安全、精彩的冬奥盛会。衷心感谢日本各界友人对北京冬奥会的支持和祝福。

　　从东京到北京，中日两国在全球疫情背景下成功举办两场奥运盛会，超越种族、国家、文化和价值观差异，生动诠释了"更快、更高、更强、更团结"的新奥林匹克格言。在疫情延宕不绝、全球性挑战层出不穷、地缘冲突风险升温的今天，我们的世界比以往任何时候更加呼唤团结合作。我们相信北京冬奥会"一起向未来"的响亮口号，将为促进世界团结与合作提供积极助力。

　　今年中日迎来邦交正常化50周年。回顾过往半个世纪，中日各领域交流合作实现质的飞跃，双边贸易额创下3700亿美元新高，约3万家日企在华投资兴业，疫情前两国人员往来每年1200万人次，地方友城260余对。这一系

列成就的取得，是两国几代人不懈努力的成果。

中日要和平，就是要坚定走和平发展道路，践行"互为合作伙伴、互不构成威胁"的政治共识，按照中日四个政治文件及迄今有关共识精神，妥处矛盾分歧，加强涉海、安全领域危机管控，防止不测事态。双方要加强战略沟通，逐步积累增进互信。

中日要合作，就是要以自信、开放的心态推进各领域务实合作，持续拓展共同利益，使互利共赢始终成为中日合作的主旋律。双方也要履行国际责任，共同践行真正的多边主义，推进区域发展合作，推动世界经济复苏，协调应对全球性挑战，让我们的地区和世界更美好。

站在邦交正常化50周年的新起点，让我们一道坚定初心，勇毅前行，共同书写中日和平、友好、合作的新篇章！

（中华人民共和国驻日本国大使馆．驻日本使馆临时代办杨宇在日本《每日新闻》发表署名文章《一起向未来，共写新篇章》[EB/OL]．(2022-02-23)[2022-08-08]．https：//mainichi.jp/articles/20220223/ddm/007/050/035000c．)

● 分析

这篇文章的原文节选自驻日本使馆临时代办杨宇发表在日本《每日新闻》上的一篇署名文章。文章中大量出现有关当今世界政治与经济的词汇，这些词汇在外交领域经常使用，并在长期的翻译实践中形成了约定俗成的固定译法，需要在翻译学习的过程中牢记。

● 词语的翻译

北京冬季五輪：北京冬奥会

新型コロナウイルス：新型冠状病毒

地球規模の課題：全球性挑战

地政学的な衝突：地缘冲突风险

貿易総額：贸易额

友好都市：友好城市

互いに協力のパートナーであり、互いに脅威とならない：互为合作伙伴、互不构成威胁

政治的コンセンサス：政治共识

海洋関連や安全保障分野の危機管理：涉海、安全领域危机管控

戦略的な意思疎通：战略沟通

ウィンウィンの関係：互利共赢

真の多国間主義：真正的多边主义

地域の開発協力：区域发展合作

世界経済の回復：世界经济复苏

新たな出発点：新起点

新たな1ページを刻む：书写新篇章

● **句子的翻译**

原文1 北京冬季五輪が滞りなく幕を下ろしました。中国は簡素で安全ですばらしい五輪を世界に届けました。日本各界の五輪への応援と祝福に感謝します。

误译 北京冬奥会毫无阻碍地落下了帷幕。中国向世界提交了一届简朴、安全、精彩的奥运会。感谢日本各界对北京冬奥会的支持与祝福。

参考译文 2022北京冬奥会圆满落下帷幕，中国为世界奉献了一场简约、安全、精彩的冬奥盛会。衷心感谢日本各界友人对北京冬奥会的支持和祝福。

该译文虽将原文中每一个单词的意思都正确翻译出来了，但译文并不符合中文的表达习惯，可读性较低。首先，将"滞りなく"译为"毫无阻碍地"显然有些冗长累赘。中日表达习惯不同，有时需要用"反译"的方法，将原文否定形式表达的内容改为肯定的形式，或将原文肯定形式的表达用否定形式译出。与"毫无阻碍地"这一否定表达形式相反且含义相同的词汇有很多，比如"顺利""圆满""完美"等，都可以使译文变得更简洁。本句可译为"北京冬奥会圆满落下帷幕""北京冬奥会顺利闭幕"。

其次，"簡素で安全ですばらしい五輪"的译文不够准确。"簡素"在辞典中的意思为"简朴、朴素、简化、简单"，与2022年北京冬奥会"简约"的宗旨在表达上有差异。因此，译者在翻译时不能照搬照抄词典中的解释，而要广泛查阅相关资料，留意固定表达的固有译法。

此外，该句还存在一处译文搭配不当的情况。"中国は五轮を世界に届けました"是这句话的主干，译文"中国向世界提交了一届奥运会"中"提交"不能和"奥运会"搭配，可修改动词译为"中国为世界奉献了一届奥运会""中国向世界呈现了一届奥运会"等。

原文2 貿易総額は30兆円を超え、中国で事業を展開する日本企業は約3万社に上ります。コロナの感染拡大前、両国の人的往来は年間1200万人に達しました。地方間の友好都市は260組以

上もあります。

译文1 双边贸易额创下3700亿美元新高，约3万家日企在华投资兴业，疫情前两国人员往来每年1200万人次，地方友城260余对。

译文2 贸易总额超过30万亿日元，在中国开展经济活动的日本企业升至3万家，在新冠疫情蔓延以前，两国间一年的人员往来达1200万人次，缔结的友好城市也超过了260对。

原文中出现了大量的数字，特别是涉及单位转换的数字，在翻译时尤其需要注意。数字的换算看起来似乎很简单，但译者往往会因为不小心而犯错误，可谓失之毫厘，谬以千里。只要数字不存在错误，将原文的"30兆円"译为"3700亿美元""30万亿日元"或"1.56万亿人民币"均可。另外还需要注意一点，"兆"这个词头在我国较少使用，我国常用的词头为十、百、千、万、十万、百万、千万、亿，在翻译时也需要作出相应的转换。

虽然以上两个译文均没有出现数字错误或意思背离原文的现象，但对两个译文稍做比较，就可以看出译文2有些拖沓，译文1行文简洁且用词规范，显然其译者的汉语功底更好。要提升翻译水平，就必须要有坚实的汉语基本功和较强的汉语写作能力。这就需要译者在训练日语水平、培养日语语感和思维的同时，不能放弃对汉语的训练，要不断增强对汉语的把握和运用能力。

第四篇

●原文

習近平国家主席がアルバニア新大統領に祝電

習近平国家主席は7月24日、アルバニアの大統領に就任したバイラム・ベガイ氏に祝電を送った。新華社が伝えた。

習主席は「中国とアルバニアには伝統的な深い友情がある。近年、両国は『一帯一路』（the Belt and Road）共同建設と中国・中東欧諸国間協力をプラットフォームとして、政治的相互信頼を増進し、政策面の意思疎通を強化し、実務協力を推進し、二国間関係は新たな進展を遂げている。私は中国・アルバニア関係の発展を非常に重視しており、ベガイ大統領と共に努力して、両国間の各分野における交流を深め、互恵協力の成果を揺るぎないものにして、両国及び両国人民に幸福をもたらすことを望んでいる」と強調した。

（人民網日本語版．習近平国家主席がアルバニア新大統領に祝電[N/OL]．人民網日本語版．(2022-07-25)[2022-08-08]．http：//j.people.com.cn/n3/2022/0725/c94474-10126998.html）

● 参考译文

习近平向阿尔巴尼亚新任总统贝加伊致贺电

新华社消息，7月24日，国家主席习近平致电巴伊拉姆·贝加伊，祝贺他就任阿尔巴尼亚总统。

习近平指出，中国同阿尔巴尼亚有着深厚传统友谊。近年来，两国以共建"一带一路"和中国—中东欧国家合作为平台，增进政治互信，加强政策沟通，推进务实合作，双边关系取得新进展。我高度重视中阿关系发展，愿同贝加伊总统一道努力，深化两国各领域交往，巩固互利合作成果，造福两国和两国人民。

（薄晨棣．宋美琪．习近平向阿尔巴尼亚新任总统贝加伊致贺电[N/OL]．人民网．（2022-07-25）［2022-08-08］．http：//cpc.people.com.cn/n1/2022/0724/c64094-32484122.html）

● 分析

这是一则有关贺电的新闻报道。贺电是外交函件（外交电报）的一种，除此之外还有唁电、致谢、慰问、表态等。日语学习者和翻译工作者不仅需要积累中日外交领域有关的表达，还需要了解世界上其他国家和地区，以及国际合作交流与国际组织相关的表达。

● 词语的翻译

1. 外交函件常见词汇

　　祝電：贺电

　　祝電交換：互致贺电

　　祝賀メッセージ：贺信

　　親書：亲笔信

　　弔電：唁电

　　見舞い電報：慰问电

　　電話会談：电话会议

　　ステートメント：书面讲话

　　書面でメッセージ：书面致辞

　　メッセージ：口信、寄语

返信：回信

2. 国际合作交流与国际组织相关词汇

国際連合(UN)：联合国

G20（ジートゥエンティ）：二十国集团(G20)

欧州連合(EU)：欧盟

東南アジア諸国連合(ASEAN)：东盟

アジア太平洋経済協力（エイペック）（APEC）：亚太经济合作组织

上海協力機構：上海合作组织

ボアオ・アジア・フォーラム：博鳌亚洲论坛

中国・中東欧諸国間協力：中国—中东欧国家合作

ブリック(BRICS)：金砖五国

アラブ連盟：阿拉伯国家联盟(阿盟)

北大西洋条約機構：北大西洋公约组织

世界貿易機関(WTO)：世界贸易组织

世界保健機関(WHO)：世界卫生组织

石油輸出機構(OPEC)：石油输出国组织

赤十字国際委員会：红十字国际委员会

◉ **句子的翻译**

原文 私は中国・アルバニア関係の発展を非常に重視しており、ベガイ大統領と共に努力して、両国間の各分野における交流を深め、互恵協力の成果を揺るぎないものにして、両国及び両国人民に幸福をもたらすことを望んでいる。

译文1 我非常重视中国和阿尔巴尼亚的发展关系，与贝加伊总统共同努力，加深两国间各领域交流，稳固互利合作成果，希望可以为两国和两国人民带来幸福。

译文2 我高度重视中阿关系发展，愿同贝加伊总统一道努力，深化两国各领域交往，巩固互利合作成果，造福两国和两国人民。

首先，译文1对原句"望んでいる"的宾语理解有误，原句中的"こと"是前面三个小句的形式名词，而不仅是"両国及び両国人民に幸福をもたらす"这一个小句的形式名词，因此"望んでいる（希望）"的内容应有三点。其次，译文1的用词表达不够简练，如"非常重视""加深交流""稳固成果"等，而译文2的遣词造句更为正式，是我国新闻报道中常见的语句。

◁ 练习题 ▷

1. 请将以下短文翻译为汉语。

(1) 28日と29日、大阪でG20サミットがある。サミットには国や国連など37の代表が出席する。27日、サミットに出席するため大阪に来た中国の習近平国家主席と、安倍総理大臣が会って話し合った。二人は、政府の高い地位の人たちが会って、もっと話をすることが大切だと考えた。そして、習主席が、来年の春に国のお客さまで日本に来ることができるように、協力していくことになった。(NHK．中国の習主席「来年の春に国のお客さまで日本に来る」[N/OL]．2019-06-28 [2023-03-20]．https：//www3.nhk.or.jp/news/easy/k10011972241000/k10011972241000.html．)

(2) 日本はODA（政府開発援助）や民間の投資を通じ、中国と共に歩み続けてきました。このことをうれしく思います。今や、中国は、世界第2位の経済大国へと発展し、日本の対中ODAは、その歴史的使命を終えました。今日、日本と中国は、アジアのみならず世界全体の経済発展に欠くことのできない役割を果たしています。世界がかつてないほどつながり合い、一国だけで解決のできない問題が増える中、日中両国が世界の平和と繁栄のために共に貢献する、そうした時代が来ていると思います。(産経新聞．「日中友好の船を前へ前へと進めていこう」中国でのレセプションの安倍首相挨拶 [N/OL]．2018-10-25 [2023-03-20]．https：//www.sankei.com/article/20181025-OYSAL7Y2KVIVFO4LMCCGHQCFVE/3/．)

(3) 50年前の今日、中日両国の上の世代の指導者は時勢の変化を把握して、遠大な視点に立ち、中日国交正常化の実現という重大な政治決断を下し、両国関係に全く新たな章を開いた。50年間で、両国の政府と国民が互いに努力する中、双方は4つの基本文書と一連の重要な共通認識を相次いでまとめ、各分野の交流と協力を深め続け、両国及び両国民に大きな幸福をもたらし、地域さらには世界の平和と発展も促進した。(人民網日本語．中日国交正常化50周年、習近平国家主席と岸田文雄首相が祝電交換 [N/OL]．(2022-09-29) [2023-03-20]．http：//j.people.com.cn/n3/2022/0929/c94474-10153393.html．)

(4) 50年前、日中両国の上の世代の指導者は戦略的思考と政治的勇気をもって、日中関係の新たな歴史的プロセスを切り開いた。50年

間で、経済・文化・人的往来など広範な分野で日中両国の協力は著しい発展を遂げた。双方が手を携えて日中関係の新たな未来を切り開くことには、重要な意義がある。日本側は中国側と共に、次の50年間に着眼して、建設的で安定した日中関係の構築を推進し、両国、地域、世界の平和と繁栄を共に促進することを望んでいる。（人民網日本語．中日国交正常化50周年、習近平国家主席と岸田文雄首相が祝電交換［N/OL］．（2022-09-29）［2023-03-20］．http：//j.people.com.cn/n3/2022/0929/c94474-10153393.html．）

(5) パンダは中日友好の使者だ。1972年の中日国交正常化時、パンダは中国人民の心のこもった挨拶と友好への願いとともに日本の大地を初めて踏んだ。日本では最も多い時で同時に13頭のパンダが飼育され、この数は世界各国で最も多い。これは、両国民の友情を十分に示すものだ。昨年は中日国交正常化50周年にあたり、両国首脳は新しい時代の要請にふさわしい中日関係の構築について重要な共通認識に至った。中日各界は豊富で多彩な記念行事を催し、日本で発行された50周年記念切手の図案はパンダだった。今年、我々は中日平和友好条約締結45周年を迎える。中日関係は改善と発展の新たなチャンスを迎える。さらに多くの両国各界関係者が友好交流に参加し、中日の平和共存と共同発展の促進のために力を捧げることを期待する。（人民網日本語版．在日本中国大使館が「パンダ友好交流の夜」イベントを開催［N/OL］．（2023-03-20）［2023-03-20］．http：//j.people.com.cn/n3/2023/0320/c94474-10224790.html．）

第二节 经贸领域

在全球化的今天，经贸领域的汉日互译在中日两国经济往来中使用极为广泛。只有了解经贸领域翻译特点，熟练掌握经贸领域汉日互译的原则和技巧，在翻译实践中不断总结经验，才能确保翻译质量。

经贸领域的翻译对准确性有很高的要求，不能有任何歧义。因此，翻译经贸类文章不可缺少的一个步骤就是审校，这点不必细说，经贸类文章一旦出错，后果可能是无法挽回的。

经贸领域的翻译还具有极强的专业性，译者需要掌握涉及国际贸易、海运、外汇、金融、会计、证券、运营、物流、仓库保管等方面的知识，以及

与之相关的法律用语、专业术语等。特别是一些专业术语，具有约定俗成、无替代性的特点，必须做到准确无误，切不可望文生义或仅照字面翻译。此外，还需要对国际经济组织、厂家、商标、产品、协定，特别是随着经济发展产生的新术语有一定的认识。

第一篇

● 原文

「陸海新通路」、世界の産業チェーン・サプライチェーンの安定に貢献（抜粋）

　　中国商務部（省）国際貿易経済協力研究院と中国西部陸海新通路物流運営組織センターは22日、「国際陸海貿易新通路発展報告2017～2022」を共同で発表した。

　　報告書によると、陸海新通路は建設から5年間、国際貨物、人的往来、資金、情報などの統合の加速を促進し、西部地域と世界をつなげる重要なルートとなった。また、「双循環」（国内外の2つの循環の相互促進）の円滑化を促進し、世界の産業チェーン・サプライチェーンの安定を保障し、世界経済の回復を推進するために重要な貢献をしてきた。

　　この5年間、陸海新通路の「チャネル＋ハブ＋ネットワーク」という現代物流システムが加速度的に整備され、鉄道・海上一貫輸送、国際鉄道輸送、越境道路輸送の3つの輸送方式をメインに、道路・鉄道一貫輸送、海上・道路・鉄道一貫輸送、道路・海上一貫輸送を加えた輸送構造が形成された。これらは、中国の中西部地区の重要な都市を効果的に連結し、世界における影響範囲を拡大しつづけており、現在、輸送ネットワークは世界107カ国・地域の319の港湾をカバーしている。今年上半期、鉄道・海上一貫輸送の固定路線は9路線から12路線に増え、累計の貨物輸送量は前年同期比33.4％増の37.9万TEUに達し、力強い増加傾向を示している。

　　報告書によると、今年上半期、地域的な包括的経済連携（RCEP）協定加盟国のうち、陸海新通路を通じて貨物を出荷した国は、13カ国に達した。さらに、陸海新通路は中国とASEAN諸国を効果的に連結し、資源要素の秩序ある流れと最適な配分を促進しただけでなく、中国西部の内陸部とASEAN間の物流サイクルを10日以上短縮した。新通路沿線の省・

自治区・直轄市とASEANとの経済貿易交流はますます緊密になり、ASEANとの輸出入額は年々増加している。

国際陸海貿易新通路は「一帯一路」共同構築の枠組みの下、重慶市を運営・組織センターとして、中国西部12の省・自治区・直轄市および海南省、広東省湛江市、湖南省懐化市などが共同で作り上げた国際大通路である。この国際大通路は中国西部地区を縦断し、北はシルクロード経済帯、南は21世紀海上シルクロードにつながり、長江経済帯を結び、アジアと欧州を接続する陸海輸送の完全な閉ループを形成している。

（中国国際放送局.「陸海新通路」、世界の産業チェーン・サプライチェーンの安定に貢献［N/OL］.（2022-07-22）［2023-03-20］. https://japanese.cri.cn/2022/07/22/ARTIXbuoQQQuGQzFOVrzLBZy220722.shtml.）

◉ **参考译文**

陆海新通道 为保障全球产业链供应链稳定做出重要贡献（节选）

商务部国际贸易经济合作研究院与西部陆海新通道物流和运营组织中心22日共同发布《国际陆海贸易新通道发展报告2017—2022》。报告显示，陆海新通道建设五年来，国际大通道功能凸显，促进国际货物、人员、资金、信息等加速融合，不仅成为西部地区联通世界的重要通道，同时也为畅通国内国际双循环注入新动能，为保障全球产业链供应链稳定、推动世界经济复苏做出重要贡献。

报告显示，五年来，陆海新通道"通道+枢纽+网络"现代物流体系加快完善，已形成以铁海联运班列、国际铁路班列、跨境公路班车三种运输组织方式为主，公铁联运、海公铁联运、公海联运为补充的运输结构，有效联通中西部地区重要节点城市，国际辐射范围不断扩大，运输网络覆盖全球107个国家和地区的319个港口。今年上半年，铁海联运班列图定线路由9条增至12条，累计发送货物37.9万标准箱，同比增长33.4%，上升态势强劲。

报告指出，今年上半年，RCEP成员国通过陆海新通道发运货物的国家达13个。陆海新通道有效联通中国与东盟国家，不仅促进了资源要素的有序流动和优化配置，还将中国西部内陆地区与东盟间物流周期缩短10天以上。陆海新通道积极打通中国西部与东南亚之间农产品、海产品便捷运输新路径，并在东南亚地区设立海外仓，开通跨境公路班车干线，布局铁路、港口、航运企业和通道运营平台，最大程度节省运营成本。通道沿线省区市与东盟经贸往来愈加密切，与东盟的进出口额逐年提升。

国际陆海贸易新通道是在共建"一带一路"框架下，以重庆为运营和组织中心，西部12省区市与海南省、广东省湛江市、湖南省怀化市等共同打造的国际大通道。这条国际大通道纵贯中国西部地区，北接丝绸之路经济带，南连21世纪海上丝绸之路，协同衔接长江经济带，形成亚欧海陆运输完整闭环。

（中央广电总台国际在线. 陆海新通道建设五年来，为保障全球产业链供应链稳定做出重要贡献［N/OL］.（2022-07-22）［2023-03-20］. https：//news.cri.cn/20220722/62a27962-39c2-c649-ecd9-3d9c17a66722.html.）

● 词语的翻译

新通路：新通道
世界の産業チェーン・サプライチェーン：全球产业链供应链
地域の産業チェーン・サプライチェーン：区域产业链供应链
「双循環」（国内外の2つの循環の相互促進）：国内国际双循环
現代物流システム：现代物流体系
メイン：主要的
地域的な包括的経済連携：区域全面经济伙伴关系协定（RCEP）
協定加盟国：成员国
TEU：标准箱
閉ループ：闭环

● 句子的翻译

原文1　この5年間、陸海新通路の「チャネル＋ハブ＋ネットワーク」という現代物流システムが加速度的に整備され、鉄道・海上一貫輸送、国際鉄道輸送、越境道路輸送の3つの輸送方式をメインに、道路・鉄道一貫輸送、海上・道路・鉄道一貫輸送、道路・海上一貫輸送を加えた輸送構造が形成された。

译文1　5年来，陆海新通道"通道＋枢纽＋网络"现代物流体系加快完善，以铁道·海上一贯输送、国际铁路输送、跨境道路输送三种运输组织方式为重点，加上道路·铁道一贯输送、海上·道路·铁道一贯输送、道路·海上一贯输送的运输结构已形成。

译文2　五年来，陆海新通道"通道＋枢纽＋网络"现代物流体系加快完

善，已形成以铁海联运班列、国际铁路班列、跨境公路班车三种运输组织方式为主，公铁联运、海公铁联运、公海联运为补充的运输结构。

这篇文章中出现了一些国际贸易领域的新词，如"鉄道・海上一貫輸送"等，在翻译这些词汇时，译文1犯了望文生义的错误，仅按照字面意思将其译为了"铁路・海上一贯输送"。联系上下文可知，这里的日文的"鉄道""道路""海上"分别指"铁路运输""公路运输""海上运输"三种运输方式，因此在翻译为中文时不能按照日语直接翻译，而要按照中文缩略语的习惯，将"鉄道・海上一貫輸送"译为"铁海联运班列"，将"道路・鉄道一貫輸送"译为"公铁联运"，将"海上・道路・鉄道一貫輸送"译为"海公铁联运"，将"道路・海上一貫輸送"译为"公海联运"，如译文2。

译文1将句型"～が加速度的に整備され、～をメインに、～を加えた輸送構造が形成された"译为"……加快完善，以……为重点，加上……的运输结构已形成。"而译文2将原句末尾的"～が形成された"提前，译为"……加快完善，已形成以……为主，……为补充的运输结构。"相比之下，译文2将动词"形成了"提前，重点突出，更符合中文的习惯。

原文2　今年上半期、鉄道・海上一貫輸送の固定路線は9路線から12路線に増え、累計の貨物輸送量は前年同期比33.4％増の37.9万TEUに達し、力強い増加傾向を示している。

译文1　今年上半年，铁海联运班列图定线路由9条增了12条，累计发送货物达到同比增长33.4％的37.9万标准箱，上升态势强劲。

译文2　今年上半年，铁海联运班列图定线路由9条增至12条，累计发送货物37.9万标准箱，同比增长33.4％，上升态势强劲。

原文中出现了大量数字相关表达，尽管两则译文都没有在数字上犯低级错误，但再次审校后发现，译文1"由9条增了12条"与译文2"由9条增至12条"意思表述完全不同，显然译文2符合原文的表达，译文1对应的日语说法应为"9路線から12路線を増やす"。错误的动词搭配，就导致意思完全不同，可谓差之毫厘，失之千里。

此外，日语"前年同期比～％増（減）""前年比で～％増加（減少）"都是"同比增长（减少）"的意思，两则译文都无误。但"累計の貨物輸送量は前年同期比33.4％増の37.9万TEUに達し……"需分译，如像译文1一样不改变句子结构的话，"达到"与"同比增长33.％"显然不搭配。

第二篇

●原文

中国○○進出口貿易股份有限公司（以下売方と略称する）と日本○○株式会社（以下買方と略称する）

売買双方は下記の条項の通り本契約の締結に同意する。

第一条　本契約の商品品名、規格、数量、単価、総金額、包装、荷印、船積期間、船積港と荷揚げ港はすべて本契約書附属書の規定によるものとし、契約附属書は本契約の不可分の構成部分である。

第二条　支払方法

買方は本契約書に定められた船積月の始まる25日前に、双方の同意した銀行を通じて、直接に中国○○有限公司の所属する関係分公司或は支公司を受益者とし、取消不能の、譲渡可能の、分割可能の、積替え可能の、電報為替条項付き或は書類が開設銀行に到着した次第支払う一覧払いの信用状を開設するものとし、その有効期限は船積後15日間延期され、中国において満期となる。

第三条　船積条件

1. 売方は輸出貨物の船積終了後48時間内に契約番号、品名、数量、送り状金額および船名を電報にて買方に通知する。

2. 売方は毎回船積準備数量の5％相当する量を増減する権利を有する。その差額は契約価格により清算する。

3. もしFOB条件で成約した場合、売方は貨物準備終了後電報にて買方に用船するよう通知し、買方は通知を受け取ってから15日乃至25日以内に船を船積港に出さなければならない。買方の用船は売方の同意をえなければならない。買方はまた契約書に定められた船積期間において、船積港に到着する二週間前に船名、国籍及び入港日を電報にて売方に通知し、売方の同意を得た後決定する。

第四条　保険条件

もしCIF条件で成約した場合、中国人民保険公司海洋運輸貨物保険条項に基づいて、売方は送り状総金額の110％にあたる全危険担保と戦争保険に付する。もし買方が保険種別または保険金額の増加を必要とする場合は、この旨売方に通知し、保険料の増加分を別途負担しなければならない。

（後略）

(杭州中译翻译有限公司. 国际贸易合同日汉对照翻译模板 [Z/OL]. (2019-02-15) [2023-03-20] http：//www.fanyishang.com/content/3324.html)

● **参考译文**

中国○○进出口贸易股份有限公司（以下简称卖方）同日本○○株式会社（以下简称买方）

买卖双方同意按照下述条款签订本合同：

第一条　本合同的商品名、规格、数量、单价、总值、包装、唛头、交货时间、装船口岸和卸货口岸等，均按照本合同附件的规定，合同附件作为本合同不可分割的组成部分。

第二条　支付方法

买方应于本合同附件规定转运月份开始的25天以前，通过双方同意的银行直接开出以中国○○有限公司所属的有关分公司或支公司为受益人的、不可撤销的、可转让的、可分割的、准许转运的、有电报索汇条款的或单据到开证行付款的即期信用证，有效期延至转船后15天在中国到期。

第三条　装船条件

1. 卖方于出口货物装妥后48小时内，将合同号、品名、数量、发票金额和船名以电报通知买方。

2. 卖方有权多交或少交相当于每批准备装船数量5%的货物，其差额按合同价格结算。

3. 如以FOB价格条款成交，卖方在货物备妥后，以电报通知买方租船，买方接到通知后须于15天至25天以内派船到转船口岸。买方所租船只均需取得卖方同意，买方并应按合同附件规定装船时间于船只抵达装货口岸两星期以前，将船只名称、国际和抵港日期以电报通知卖方，并经卖方同意确定。

第四条　保险条件

如以CIF价格条款成交，根据中国人民保险公司海洋运输货物保险条款，由卖方按发货总金额的110%投保综合险和战争险。如买方需要加保险类别或提高保险额时须通知卖方。所增加的保险费由买方另行负担。

（后略）

● **分析**

国际贸易合同又被称为外贸合同或进出口贸易合同，即营业地处不同国家或地区的当事人就商品买卖发生的权利和义务关系而达成的书面协议，是解决贸易纠纷，进行调解、仲裁、与诉讼的法律依据。随着中日经济的飞跃

发展,两国贸易越来越频繁。如上例文就是一则日汉对照的国际贸易合同(节选)。

◉ **词语的翻译**

1. 公司名、人名、地名、地址的翻译

经贸类文件涉及的各种文书中必然会出现中日双方的公司名,一个完整的公司名称是具有法律意义的专有名词,因此日语的"○○株式会社"可以直接用汉字"○○株式会社"代替,反之,中文的"○○进出口贸易股份有限公司"在进行汉日翻译时,也可以直接用日语汉字"○○進出口貿易股份有限公司"代替。如译为对应含义的中文"○○股份公司",容易造成误解,且不能体现出两者背后不同的公司国籍、公司类型等。除公司名外,人名、地名、地址也应用同样的方法进行翻译。

2. 专有名词的翻译

经贸类文件中会大量出现专有名词,这些名词的译法在国际上已约定俗成,需要译者在翻译学习和实践中不断积累。表3.1列出了一些常见的专业术语,以供学习者参考。

表3.1 常见经贸类专业术语日汉对照

日语	汉语	日语	汉语
半製品	半成品	税関	海关
OA化	办公自动化	海上輸送	海运
一手販売	包销,独家销售	契約番号	合同号
C&F	包运价格	契約書	合同书
梱包(する)	运费价格包装	為替送金	汇款
保険証券	保(险)单	為替レート	汇率
保険料	保(险)费	為替手形	汇票
保険	保险	品番	货号
確認(済)信用状	保兑(的)信用证	商品・貨物代金	货款
確認銀行	保兑银行	商品の供給源	货源
保険金額	保额	見本、サンプル	货样
通関手続き	报关	荷主	货主
オファー	报价	検査証明書	检验证明书
オファー・シート	报价单	納期	交货期

续表

日语	汉语	日语	汉语
覚書、備忘録、メモランダム	备忘录	納入日	交货日期
取消不能信用状	不可撤销信用证	決済	结算
（船の）スペース	舱位	（信用状）開設銀行	开证银行
メーカー	厂家	小売り	零售
メーカー側	厂方	荷印	唛头
コスト	成本	買い手、買い方 バイヤー	买方
成約/契約する	成交	売り手、売り方 セラー	卖方
保険を引き受ける	承保	外国為替、外貨	外汇
請負企業	承包企业	通関証明書	通关单
合意に達する	达成协议	通関申告会社	报关公司
単価	单价	積荷明細書	舱单
船積書類	单据	運送ルート	运输渠道
船腹を予約する	订舱	一覧払い	见票即付
注文書	订单、订货单	運賃元払い	运费预付
注文する	订购	運賃着払い	运费到付
荷送人	发货人	FAS（船側渡し条件）	船边交货
付款分割払い	分期	FOB（本船渡し条件）	船上交货
リスク	风险	FCA（運送人渡し）	交货承运人
付属書類。同封書類。アタッチメント	附件	FCL	整箱货
D/A決済（手形引受書類渡し）	承兑交单	LCL	拼箱货
D/P決済（手形支払書類渡し）	付款交单	CIF（運賃保険料込条件）	成本，保险加海运费

续表

日语	汉语	日语	汉语
DAF (国境持込渡し条件)	边境交货	C&F (運賃込条件)	成本加海运费
DDP (仕向地持込渡し 「関税込み」条件)	完税后交货	CAF (通貨調整要因)	货币汇率附加费
DDU (仕向地持込渡し 「関税抜き」条件)	未完税交货	DES (本船持込渡し条件)	目的港码头交货
B/L (船荷証券)	货运单据	DEQ (埠頭持込渡し条件)	目的港码头交货

　　一些常用的国际贸易术语如FOB(船上交货)、D/A(承兑交单)、CIF(成本加保险费加运费)等在国际上已习惯使用英文缩写，在翻译时无须特别翻译，但译者需熟知其具体含义。经贸类文件涉及的各种文书，包括商业书信、合同、文件及其他法律文书，将在本书后续章节具体介绍。

　　对经贸类文件的翻译必须做到字字准确，句句意思对等。译者更应该明白的是，经贸类文件的准确翻译是指语言真实含义之间的等同，而不是表面上的意思对等，译者应当完全理解并表达其中的真实含义。

第三篇

● 原文

中国はこれから世界最大の化粧品市場になる

　　今年は日本の有名化粧品メーカーの資生堂グループが中国に進出して40年目になる年だ。資生堂グローバル本社の魚谷雅彦社長兼最高経営責任者（CEO）は、「中国はこれから世界最大の化粧品市場になる」との見方を示した。

　　魚谷氏は取材に対し、「今後、私たちは資生堂グループ全体の中で第二本社と位置づけられた中国において、中国発のイノベーションと商品に基づいた開発を積極的に展開する。中国を市場と見なすだけでなく、各種の『中国から世界に羽ばたく商品とサービス』を開発したいとも考えている」と述べた。

　　魚谷氏は、「現在、中国地域事業は力強く伸びており、売上高は資生

堂の世界における決済された売上高合計の26%前後を占めるようになったと同時に、資生堂グループ全体の発展をけん引する極めて大きな原動力にもなった」と明かにした。

資生堂中国地域の藤原憲太郎 CEO は取材に対し、「資生堂中国は1979年の中国の改革開放政策とともに発展を遂げて現在に至る。2003年に上海を中国地域本部とした後、新たなビジネスモデルを構築し、事業は飛躍的に発展した。上海市人民政府の宗明副市長より資生堂に在中国発展40周年の記念プレートが授与された」と述べた。

（人民網日本語版．中国市場に期待する資生堂「中国から世界に羽ばたく商品を」［N/OL］（2021-03-11）［2023-03-23］．http：//j.people.com.cn/n3/2021/0311/c94476-9827830.html.）

◉ 参考译文

中国将成为世界最大的化妆品市场

今年是日本知名化妆品企业资生堂集团进入中国的第40个年头。在资生堂集团全球 CEO 鱼谷雅彦看来，中国将成为世界最大的化妆品市场。

资生堂集团全球 CEO 鱼谷雅彦接受记者采访时表示："今后我们将在被定位为整个资生堂集团第二总部的中国，积极开展源自中国的创新和商品开发。除了把中国作为市场之外，我们还希望开发出'从中国走向世界'的各类商品和服务。"

鱼谷雅彦透露，如今中国地区业务增长强劲，销售额已经占到资生堂全世界合并结算销售额的26%左右，同时也成为拉动整个资生堂集团发展的巨大动力。

资生堂中国区总裁藤原宪太郎对记者说："资生堂中国随着1979年中国改革开放政策一同发展至今。2003年资生堂中国将上海作为中国地区的总部后，构建了全新商业模式，获得了事业的飞跃式发展。上海市人民政府副市长宗明为资生堂颁发在华发展40周年铭牌。"

（中国新闻网．日本化妆品企业看好中国市场希望开发出"从中国走向世界"的商品［N/OL］（2021-03-10）［2023-03-23］．https：//www.chinanews.com.cn/cj/2021/03-10/9429140.shtml.）

◉ 分析

这是一篇采访新闻，文中通过引用被采访者的发言，描述这家企业在华业务的发展情况。此类日语新闻句式较为单一，通常通过直接引用和间接引

用两种方式引述被采访者的原话。在进行翻译时，需注意日语语序与中文语序的不同，尽可能变为中文表达，选择不同的动词表现译文，增加新闻的可读性。

● 词语的翻译

1. 企业、品牌名称的日汉对译

除了表 3.1 中总结的经贸类专业常用术语外，常见的企业、品牌名称的译法(见表 3.2)也需要译者不断积累、掌握。

表 3.2　常见企业名称日汉对照

日语	汉语	日语	汉语	日语	汉语
ファーウェイ 華為	华为	SHISEDO 資生堂	资生堂	ライオン	狮王
ビーワイディー	比亚迪	CANON キヤノン	佳能	ASICS アシックス	亚瑟士
アリババ	阿里巴巴	ヤフー	雅虎	CALPIS カルピス	卡尔必思
テンセント	腾讯	SONY ソニー	索尼	GOLICO グリコ	格力高
バイドゥー	百度	パナソニック	松下电器	SUNTORY サントリー	三得利
シャオミニホン	小米	AEON (イオン)	永旺	日清食品	日清食品
メイチュアン	美团	トヨタ	丰田	ヤクルト	养乐多

2. 其他单词

グループ：集团

本社：总公司、总部

第二本社：第二总部

支社：分公司

売上高：销售额

● **句子的翻译**

原文 1　魚谷氏は取材に対し、「……」と述べた。
译文 1　鱼谷氏对采访说……
译文 2　鱼谷雅彦在采访时说……
译文 3　鱼谷雅彦在接受记者采访时表示……

　　日语新闻中，除第一次提到该人物时称全名外，之后都习惯用"姓＋氏（様）"或"姓＋职位"的方式，而中文表达中使用全名的情况更为多见。译文 1 译为"鱼谷氏"显然是不符合中文表达习惯的。

　　此外，译文 1"对采访说……"完全采用了直译的方式，是一个成分残缺的病句。因此在翻译这一句时需要采用加译的方法补全宾语："……对采访者（记者）说……""……在采访时对记者说……"。译文 2 看似结构完整，但它是一个有歧义的句子，到底是"鱼谷雅彦在采访（其他人）时说……"，还是"鱼谷雅彦在（接受）采访时说……"，译文 2 的表达不准确。因此两则译文都不够完美。

　　综上几点可以将原文译为如译文 3 的句式，并用动词"表示"替换"说"，增加译文的变化。

原文 2　上海市人民政府の宗明副市長より資生堂に在中国発展 40 周年の記念プレートが授与された。
译文 1　资生堂被上海市副市长宗明授予在华发展 40 周年纪念铭牌。
译文 2　上海市人民政府副市长宗明为资生堂颁发了在中国发展 40 周年纪念铭牌。
译文 3　上海市人民政府副市长宗明为资生堂颁发在华发展 40 周年铭牌。

　　一般情况下，日语中抽象名词或无生命物体名词一般不充当动作的施动方，此类句子多为被动句，这一点与中文不同。译文 1 按照原文被动句的句式进行翻译，而译文 3 则将被动句调整为主动句，更符合中文表达习惯。

第四篇

● **原文**

中国の銀行家から見た「これから最も重視する分野」は？

中国銀行業協会（CBA）とプライスウォーターハウスクーパースはこの

ほど共同で、「中国銀行家調査報告（2021）」を発表した。 中国銀行業の各種機関の銀行家1794人に対してアンケート調査を行った。 調査によると、 中国銀行業の今後5年間の発展見通しについて、 銀行家はおしなべて楽観的な見方を維持している。 銀行家の約40％が「これから5年間の銀行業の営業収益および純利益の増加率は5-10％を保つだろう」との見方を示した。 また90％近くが「これから5年間の銀行業は全体として不良債権率が2％を下回るだろう」とした。 第14次五力年計画（2021－25年）期間における銀行業の発展重点についてたずねると、 上位3位には金融包摂、 フィンテック、 グリーン金融が並んだ。 銀行業が次の段階に重点的に発展させたいの顧客のタイプについてたずねると、「小規模・零細企業」が79.9％に上り、 引き続き銀行家が最も注目する顧客になった。 次は富裕層、 中規模企業だった。

（人民網日本語版．中国の銀行家から見た「これから最も重視する分野」は？［N/OL］．（2022-03-14）［2023-03-20］．http：//j.people.com.cn/n3/2022/0314/c95961-9970655.html．）

●参考译文

中国银行家未来更看重哪些领域？

中国银行业协会联合普华永道日前发布《中国银行家调查报告（2021）》，对我国各类银行业机构的1794名银行家进行问卷调查。调查显示，银行家对中国银行业未来五年发展前景总体保持乐观。约四成银行家认为未来五年银行业营业收入和净利润增速将维持在5％至10％。近九成银行家认为未来五年银行业整体不良贷款率会低于2％。在"十四五"时期银行业发展重点的调查中，普惠金融、金融科技、绿色金融位列前三。在银行业下一阶段重点发展的客户类型的调查中，小微企业客户（79.9％）依旧是银行家最为关注的客户类型。其次是高净值个人客户、中型企业客户。

（人民網日本語版．中国の銀行家から見た「これから最も重視する分野」は？［N/OL］．(2022-03-14)［2023-03-20］．http：//j.people.com.cn/n3/2022/0314/c95961-9970655.html．）

●分析

这是一则述评新闻，在翻译时需注意语言表达的简洁性。此外，还需要注意银行业专有名词的翻译，如"富裕層"意为"富裕阶层"，但在银行业有其行业术语，应译为"高净值个人客户"。翻译时常出现概念不对等及词意扩张

或缩小的情况，我们在学习和实践中要不断增强灵活应变的能力。

●**词语的翻译**

中国銀行業協会（CBA）：中国银行业协会

プライスウォーターハウスクーパース：普华永道

発展見通し：发展前景

おしなべて：总体来看，概括地说，一般来说

営業収益：营业收入

純利益：净利润

不良債権率：不良贷款率

第14次五カ年計画："十四五"

金融包摂：普惠金融

フィンテック：金融科技

グリーン金融：绿色金融

小規模・零細企業：小微企业客户

中規模企業：中型企业客户

富裕層：高净值个人客户

●**句子的翻译**

原文 調査によると、中国銀行業の今後5年間の発展見通しについて、銀行家はおしなべて楽観的な見方を維持している。

译文1 调查显示，有关中国银行业未来五年的发展前景，银行家们持总体乐观的态度。

译文2 调查显示，银行家对中国银行业未来五年发展前景总体保持乐观。

译文1完全按照日语的句子结构进行翻译，译文冗长、啰唆。在进行日汉翻译时，可采用倒译的方法适当改变原文句子结构，使之符合汉语的表达顺序。同时对于如"について"等语法结构，不必将其翻译为实词"有关""关于"，可通过语句逻辑来体现其含义，给句子"减肥"，达到简洁表达的效果，如译文2。

练习题

1. 请将以下短文翻译为汉语。

(1) 1978年、中国が改革開放政策を採用して以来、世界経済は、97年（アジア通貨危機）、2008年（リーマンショック）、18年4月頃から激化した中米貿易摩擦、そして、最近の新型コロナウイルス感染症の世界的まん延（グローバル産業・供給チェーンの機能停滞）など何度かの危機（リスク）に見舞われてきた。中国はそのいずれにも、「ストップ・ザ・リスク」役を演じてきている。（江原規由．感染症克服へ中国モデル 中米関係にも変化の兆しか[N/OL]．(2020-08-10)［2023-03-20］．http：//www.peoplechina.com.cn/zlk/zgjj/202008/t20200810_800217226.html.）

(2) 日本のソフトバンクのアジア投資管理会社が全額出資して設立した「北京軟亜信創投資管理公司」がこのほど、北京市にある北京中日イノベーション協力モデル区で登録を終えた。中国初の100％日系資本によるファンド管理会社であり、世界トップレベルの金融機関であるソフトバンクアジア法人の中国における重要な戦略的展開となる。（人民網日本語版．中国初の100％日系資本のファンド管理会社が北京で設立[N/OL]．(2021-10-28)［2023-03-20］．http：//j.people.com.cn/n3/2021/1018/c94476-9908512.html.）

(3) 日中韓3か国のGDPは、世界の5分の1を越えている。我々は、世界の経済成長を牽引すべき存在であるとともに、国際経済市場の発展にも大きな責任と義務を負っている。経済分野において、我々はすでに切っても切れない重要なパートナーであり、多くの分野で協力の潜在力が秘められている。（政策研究大学院大学・東京大学東洋文化研究所．日中韓ビジネスサミット 安倍総理スピーチ[DB/OL]．(2019-12-24)［2023-03-20］．https：//worldjpn.net/documents/texts/exdpm/20191224.S3J.html.）

(4) 人的資源・社会保障部（省）はこのほど、2022年第2四半期（4-6月）に全国で求人数が求職者数を上回った「最も人手不足の100職業」ランキングを発表した。最も人手不足の100職業のうち、トップ10には、販売員、宅配便配達員、旋盤工、商品の販売員、マーケティング担当者、飲食店のホールスタッフ、警備員、家事代行サービススタッフ、電子製品基板製造工、清掃員が並ん

だ。（人民網日本語版．経済が回復する中で「最も人手不足の職業」は？［N/OL］．（2022-07-25）［2023-03-20］．http：//j.people.com.cn/n3/2022/0725/c94476-10126999.html．）

(5) 質の高い「一帯一路」共同建設を推し進めた。共同協議・共同建設・共同享受を堅持し、市場主導の原則と国際慣習法を守り、一連の越境インフラ整備プロジェクトと生産能力をめぐる国際協力プロジェクトを実施したことで、沿線諸国との財貿易額が年平均で13.4%伸び、各分野の交流・協力は絶えず深化した。西部陸海新ルートの整備を推進した。対外投資の健全で秩序ある発展を導き、対外投資をめぐるリスク対策を強化した。新たに6つの自由貿易協定（FTA）を締結または改定し、協定相手国との財貿易額が全体の26%から35%前後に拡大した。多角的貿易体制を断固として守り、保護貿易主義に反対し、貿易摩擦に穏当に対応し、貿易と投資の自由化・円滑化を促進した。（中央党史和文献研究院．政府活動報告（2023年3月5日）第14期全国人民代表大会第1回会議にて［R］．2023-03-05．）

第三节　时政领域

　　时政领域的文章内容覆盖面广，不仅涉及社会生活和国际关系等方面的方针、政策和活动，还包括国内外经济、科技、文化、历史、教育等一系列的时事新闻。同时，时政领域的文章还具有更新速度快的特点，随着社会不断发展，有更多的新词也在不断涌现。要将这些新词翻译准确，需要学习者在翻译学习中多观察多留意，这些时政新词生动地诠释着新时代的中国故事，务必要将准确性放在第一位。此外，在进行时政类文章的翻译时，还需特别注意译文的表达必须符合我国主流意识形态，不能一味地迁就原文，须时刻保持头脑清醒、立场坚定。将这些与国内外形势接轨的时政新词翻译得准确生动，是时政领域文章翻译的重点和难点。

　　初学者在翻译时政领域文章时，常会出现目的语语义表达与原文不对应的情况，导致翻译不到位，甚至出现误译。在进行汉日翻译时，为了让日语使用者看得懂，记得住，我们可以借用"汉字"这一中日文的共通点，使用"直译+注释"的策略，在保留词汇本身特色的同时，准确将其背后的文化含义译出来。比如"三农问题""五位一体""90后"等词，可写成汉字并在其后加注

释:"三农问题(農村、農業、農民)""五位一体(経済建設・政治建設・文化建設・社会建設・生態文明建設)""90後(1990年代生まれ)"。反之,将日语中的时政新词译为中文时也可以采用这个策略,如"三密(通风不良的密闭空间、人员密集的场所和与人密切接触)""大藏省(主管财政、金融、税收)"等。当然,翻译的方式不止这一种,我们需要在理解其背后深层含义的前提下,不断积累,不断实践,灵活使用多种策略,最终达到译文准确与生动。

第一篇

● 原文

中国共産党創立100周年祝賀「七一勲章」授与式が北京で盛大に開催

中国共産党創立100周年祝賀「七一勲章」授与式が29日午前に北京の人民大会堂で盛大に行われた。習近平中共中央総書記(国家主席、中央軍事委員会主席)が馬毛姐氏など29名に勲章を授与し、重要談話を発表した。

習総書記は、「100年にわたり、一代また一代の中国共産党員が、民族の独立と人民の解放を勝ち取り、国家の富強と人民の幸福を実現するため、刻苦奮闘し、無私の貢献をした。中国共産党創立100周年を祝賀するに際し、我々はここで盛大に式典を催し、党と人民のために傑出した貢献をした共産党員に党内最高の栄誉を授与する」と強調した。

習総書記は「今日表彰される『七一勲章』受章者は、各戦線の党員の傑出した代表だ。彼らは揺るぎない信念、使命の実行、奮闘と献身、清廉潔白に公に尽くすという中国共産党員の高尚な品性と崇高な精神を身をもって体現した」と指摘した。

習総書記はさらに、「新しい時代は英雄を必要とする時代であり、そして必ず英雄を生み出すことのできる時代でもある。中国共産党は常に時代の先鋒、民族の脊柱である必要があり、党員達はいかなる試練にも耐えられねばならない。表彰を受けた党員達がこの栄誉を大切にし、成果を発揚し、さらに大きな栄誉を勝ち取ることを希望する」と強調した。

(人民網日本語版.中国共産党創立100周年祝賀「七一勲章」授与式が北京で盛大に開催[N/OL].(2021-06-30)[2023-03-20].http://j.people.com.cn/n3/2021/0630/c94474-9866879.html.)

第三章　笔译实训（一）

● **参考译文**

庆祝中国共产党成立100周年"七一勋章"颁授仪式在京隆重举行

29日，庆祝中国共产党成立100周年"七一勋章"颁授仪式在北京人民大会堂隆重举行。中共中央总书记、国家主席、中央军委主席习近平向马毛姐等29名"七一勋章"获得者颁授勋章并发表重要讲话。

习近平强调，一百年来，一代又一代中国共产党人，为赢得民族独立和人民解放、实现国家富强和人民幸福，艰苦奋斗、无私奉献。在庆祝中国共产党成立一百周年之际，我们在这里隆重举行仪式，将党内最高荣誉授予为党和人民作出杰出贡献的共产党员。

习近平指出，今天受到表彰的"七一勋章"获得者，就是各条战线党员中的杰出代表。在他们身上，生动体现了中国共产党人坚定信念、践行宗旨、拼搏奉献、廉洁奉公的高尚品质和崇高精神。

习近平强调，新时代是需要英雄并一定能够产生英雄的时代。中国共产党要始终成为时代先锋、民族脊梁，党员队伍必须过硬。希望受到表彰的同志珍惜荣誉、发扬成绩，争取更大光荣。

（人民网．庆祝中国共产党成立100周年"七一勋章"颁授仪式在京隆重举行［N/OL］．(2021-06-30)［2023-03-20］．http：//sh．people．com．cn/n2/2021/0630/c134768-34801219．html．）

● **词语的翻译**

七一勋章：七一勋章
授与式：颁授仪式

● **句子的翻译**

原文　彼らは揺るぎない信念、使命の実行、奮闘と献身、清廉潔白に公に尽くすという中国共産党員の高尚な品性と崇高な精神を身をもって体現した。

译文1　他们在身上体现了中国共产党人信念不动摇、践行使命、奋斗与献身、廉洁为公的高尚品质和崇高精神。

译文2　在他们身上，生动体现了中国共产党人坚定信念、践行宗旨、拼搏奉献、廉洁奉公的高尚品质和崇高精神。

这句话阐述的是中国共产党高尚品质和崇高精神的具体内涵——坚定信念、践行宗旨、拼搏奉献、廉洁奉公。翻译时，译者不能全凭自己理解，想

当然地进行翻译。在翻译此类文章时，首先必须广泛查阅相关文献，如已有固定说法则必须使用，如尚未产生统一、固定的说法，则需要译者在充分掌握其背后含义的基础上，发挥中文能力，尽可能统一词性且展示中文文章富有节奏、多用排比和四字词语等特点，提高其连贯性、可读性。参考译文如译文2。

第二篇

● 原文

習近平国家主席、香港サイエンスパークを視察

　習近平国家主席は30日午後、林鄭月娥行政長官の同行で香港サイエンスパークを視察し、在香港の中国科学院院士、中国工程院院士や科学研究者、青年ベンチャー企業代表らと親しく交流した。

　香港サイエンスパークは香港最大の科学技術研究開発及び企業インキュベーション基地で、現在1100社以上の企業と1万7000人余りの従業員を擁し、多くの著名な科学研究機関や大学の入居を引き付け、多くのラボが設立されている。サイエンスパークの展示ホールで、習主席は香港の革新的な科学技術の発展、香港サイエンスパークの発展状況などについて説明を受けた。習主席は「ここ数年、中央政府の支援のもとで、香港は自身の優位性を発揮し、基礎研究、人材育成、科学革新産業の発展などの面で目覚ましい成果を上げている。香港特別行政区政府は時代の発展の大勢を把握し、イノベーションと技術開発への支援をより重要な位置につけ、科学技術イノベーションの支援と指導の役割をさらに果たすべきである」と指摘した。

　また、習主席は香港神経退行性疾患センターを訪れ、「努力を重ね、困難に立ち向かう中で卓越性を追求し、世界の潮流をリードするより多くの科学技術成果を生み出すように」とスタッフたちを激励した。

　習近平国家主席の夫人・彭麗媛氏は同日午後、香港西九文化区の戯曲センターを訪れ、文化区の基本状況や発展過程について説明を受け、茶館劇場や稽古場に入って、「粤劇折子戯」と「香港天籟敦煌楽団」のリハーサルを見学し、「中国文化の魅力を表現した素晴らしい演技だ」と称賛した。

　（中国国際放送局．習主席、香港サイエンスパークを視察［N/OL］．(2022-07-01)

[2023-03-20].https：//japanese.cri.cn/2022/07/01/ARTIcFfKaHnbBjIX5Dwlxqvb220701.shtml.）

● **参考译文**

<h3 style="text-align:center">习近平考察香港科学园</h3>

30日下午，国家主席习近平在香港特别行政区行政长官林郑月娥陪同下，来到香港科学园考察，同在港中国科学院院士、中国工程院院士和科研人员、青年创科企业代表等亲切交流。

香港科学园是香港最大的科技研发及企业孵化基地，目前拥有1100多家企业和1.7万余名创科从业者，吸引了众多知名科研机构和高校进驻设立实验室。在科学园展厅，习近平听取香港创新科技发展、香港科学园发展等情况介绍，观看香港代表性创科企业展示。习近平指出，近年来，在中央支持下，香港发挥自身优势，在基础研究、人才培养、创科产业发展等方面都取得了令人瞩目的成绩。特别行政区政府要把握时代发展大势，把支持创新科技发展放在更加突出的位置，进一步发挥好科技创新的支撑和引领作用。

随后，习近平来到香港神经退行性疾病中心，勉励大家再接再厉，在攻坚克难中追求卓越，创造更多引领世界潮流的科技成果。

同日下午，习近平主席夫人彭丽媛来到位于香港西九文化区的戏曲中心，了解文化区基本情况和发展历程，走进茶馆剧场、排练厅，观看粤剧折子戏彩排和香港天籁敦煌乐团排练，称赞表演很精彩，展现了中华文化的魅力。

（新华网.习近平考察香港科学园［N/OL］.（2022-06-30）［2023-03-20］.http：//www.news.cn/politics/leaders/2022-07/01/c_1128793819.html）

● **词语的翻译**

香港サイエンスパーク：香港科学园

青年ベンチャー企业：青年创科企业

企業インキュベーション基地：企业孵化基地

引き付ける：吸引

ラボ：实验室，训练教室

展示ホール：展厅

人材育成：人才培养

科学革新産業：创科产业

科学イノベーション：创新科技

神経退行生疾患センター：神经退行性疾病中心

稽古場：排练厅

リハーサル：排练

● 句子的翻译

原文1　香港サイエンスパークは香港最大の科学技術研究開発及び企業インキュベーション基地で、現在1100社以上の企業と1万7000人余りの従業員を擁している。

译文1　香港科学园是香港最大的科技研发及企业孵化基地，目前拥有1100多家企业和1.7万余名工作人员。

译文2　香港科学园是香港最大的科技研发及企业孵化基地，目前拥有1100多家企业和1.7万余名创科从业者。

根据词典中的意思将"従業員"译为"工作人员""从业人员"显然没有考虑具体的语境。辞典中所载的词条是基础性的、概括性的意思，而具体词义的选择则需要根据译者语境作出推断。这里的"从业人员"指的是在香港科学园这一"科技研发基地""企业孵化基地"进行科研的科研人员和进行创业的青年创业者，可以统称为"科创从业者"。使用"科创从业者"这一词汇更符合该语境，如译文2。

原文2　「中国文化の魅力を表現した素晴らしい演技だ」と称賛した。

译文1　称赞是展现了中华文化魅力的精彩演技。

译文2　称赞表演很精彩，展现了中华文化的魅力。

译文1结构复杂、混乱，是日语式的句子结构。此时应使用倒译的方法，将"演技""素晴らしい""中国文化の魅力を表現した"三个部分拆开，重组为"演技が素晴らしくて、中国文化の魅力を表現した"的语序进行翻译，译为"称赞演技很精湛，展现了中华文化的魅力"。但进一步联系上文可发现，在此语境下使用"演技"一词不太合适，可译为"表演很精彩"，如译文2。

第三篇

● 原文

安倍晋三元首相、銃撃で心肺停止

8日午前11時半ごろ、奈良市の近鉄大和西大寺駅前で、銃声のような音が2回鳴った。現場にいた朝日新聞記者によると、駅前で街頭演説をし

ていた安倍晋三元首相が倒れ、救急搬送された。発砲したとみられる男が取り押さえられている。

警察関係者によると、安倍氏は心肺停止の状態だという。安倍氏の背後に向け、散弾銃のようなものが少なくとも2発発射された。銃のようなものは現場で押収されたという。捜査関係者によると、男は奈良市大宮町3丁目の山上徹也容疑者（41）。殺人未遂容疑で現行犯逮捕された。

目撃した記者によると、安倍氏は午前11時半ごろから、奈良市の近鉄大和西大寺駅付近で演説を始めた。

取材していた記者は、その数分後、安倍氏の後ろ側から銃声のような音がしたのを聞いた。聴衆にざわめきが広がり、気づけば、安倍氏の背後に立った男が銃のようなものを手にしており、破裂音がさらにもう一度鳴った。その後、安倍氏が倒れ、胸元から血が流れているのが見えた。

安倍氏はすぐに救急搬送され、警護していたSPが撃ったとみられる男を取り押さえた。

● 参考译文

日本前首相安倍晋三遭枪击 目前处"心肺功能停止状态"

当地时间7月8日上午11时30分左右，日本奈良市的近铁"大和西大寺站"前传来两声枪响。据在现场的"朝日新闻"记者称，正在车站前发表演讲的前首相安倍晋三中枪倒地，随即被紧急送往医院。开枪的男子已被抓获。

据警方透露，安倍目前处于心肺功能停止状态。据悉，安倍从背后被霰弹枪击中至少两枪，现场已查获涉事枪支。涉案男子名为山上彻也，41岁，居住在奈良市大宫町3丁目。警方以杀人未遂的嫌疑当场将其逮捕。

据目击记者称，上午11点30分左右，安倍开始在奈良市近铁"大和西大寺站"附近演讲。

几分钟后，现场的记者听到安倍身后传来一声枪响，随即人群一片哗然。反应过来时，发现站在安倍身后的一名男子手拿一把疑似枪支的物体，接着枪声再次响起了。安倍随即倒地，胸部出血。

安倍立即被送往医院抢救，开枪男子已被现场安保逮捕。

● 分析

该则新闻中频繁使用"によると""ような"等表明消息来源或避免过于绝对的表达。这是日语新闻播报中常见的行文方式，在译为中文时无须将其译

出。比如日本的天气预报中常能听到诸如"天気予報によると、明日は雨のち晴れだろう"（预计明天天气是雨转晴吧）的表述，即使在气象预测可以达到十分精准的今天，日本的主播在播报天气预报时也不会使用绝对肯定的语气，新闻播报亦是如此。这是日语的特点之一，在翻译成中文时无需将每一处"非绝对表达"的语气都进行对译。

◉ **词语的翻译**

銃擊：枪击

心肺停止：心肺功能停止

街頭演說：在街道上进行演说

救急搬送：紧急送医

発砲：开枪

取り押さえる：逮捕，抓住

散弾銃：霰弹枪

容疑者：犯罪嫌疑人

現行犯：现行犯，指现在正实行或现在已经实行完的犯罪及该犯人

SP：安保人员，源自英语 security police，指担任要人身边警卫任务的警官

ざわめき：嘈杂声

◉ **句子的翻译**

原文 警察関係者によると、安倍氏は心肺停止の状態だという。安倍氏の背後に向け、散弾銃のようなものが少なくとも2発発射された。銃のようなものは現場で押収されたという。

译文 1 据警方透露，安倍目前处于心肺功能停止的状态。据悉，安倍从背后被像散弹枪一样的枪支击中了至少两枪，现场已经查获了疑似枪支。

译文 2 据警方透露，安倍目前处于心肺功能停止状态。据悉，安倍从背后被霰弹枪击中至少两枪，现场已查获涉事枪支。

译文 1 将原文中两处"ようなもの"都一字不差地翻译了出来，这是完全没有必要的。译文 2 则在不减少原文含义的前提下，采用了减译的方法删去日语表达中为避免过于绝对而不断重复的话。除此之外，日语新闻中常出现的如"～と思われる""～と言っている""～ようである""～としている"之类

的表述，都可以采用减译的方法。

第四篇

●原文

中国に世界最大規模のLNG動力サポート船チーム

　　中国海洋石油集団有限公司（中国海油）傘下の中海油田サービス股份有限公司（以下「同社」）が独自に投資・建造したLNG（液化天然ガス）動力サポート船「海洋石油543」「海洋石油548」が7月26日、江蘇省南通市で引き渡された。これにより、同社の12隻のLNG動力サポート船のすべてが引き渡された。これは中国が世界最大規模のLNG動力サポート船チームを擁するようになったことを示している。

　　LNG動力サポート船は主に海上石油と天然ガスの探査・採掘にサービスを提供するとともに、海上プラットフォームや移動施設に物資供給、保護、救命、当直などのサポートを提供する。LNG動力サポート船の各種排出指標は世界の最も厳しい基準を満たしている。二酸化炭素を20％—30％、硫黄酸化物を100％、窒素酸化物を90％、浮遊微粒子を100％削減できる。

　　また科学研究チームは中国国内の戦略的協力パートナーと共に質の高いサプライチェーンを構築し、船舶の20数セットの主要設備を国産化させ、中国のLNG動力サポート船の設計、建造と中核技術などの面における空白を埋めた。

　　（人民網日本語版. 中国に世界最大規模のLNG動力サポート船チーム［N/OL］.（2022-07-29）［2023-03-20］. http://j.people.com.cn/n3/2022/0729/c95952-10129075.html.）

●参考译文

我国建成全球最大规模LNG动力守护船队

　　7月26日，由中国海洋石油集团有限公司（中国海油）旗下中海油田服务股份有限公司（下称中海油服）自主投资建造的LNG（液化天然气）动力守护船"海洋石油543""海洋石油548"在江苏南通成功交付。至此，中海油服12艘LNG动力守护船已全部完成交付，标志着我国建成全球最大规模LNG动力守护船队。

LNG动力守护船主要服务于海上石油和天然气的勘测、开采，并为海上平台、移动设施提供物资供应、守护、救生和值班等服务。LNG动力守护船各项排放指标满足国际最严苛标准，可减排二氧化碳20％—30％、硫氧化物100％、氮氧化物90％和悬浮颗粒物100％。

同时，科研团队联合国内战略合作伙伴建立高质量供应链，完成船舶20余套主要设备的国产化替代，填补了我国LNG动力守护船在设计、建造和核心技术等方面的空白。

（中国新闻网．我国建成全球最大规模LNG动力守护船队［N/OL］．（2022-07-27）［2023-03-20］．https：//www.chinanews.com.cn/gn/2022/07-27/9813297.shtml．）

◉ 词语的翻译

サポート船チーム：守护船队

LNG（液化天然ガス）動力：LING（液化天然气）动力

引き渡す：交付

海上プラットフォーム：海上平台

サポートを提供する：提供支持，提供服务

排出指標：排放指标

二酸化炭素：二氧化碳

硫黄酸化物：硫氧化物

窒素酸化物：碳氧化物

浮遊微粒：悬浮颗粒物

科学研究チーム：科研团队

戦略的協力パートナー：战略合作伙伴

サプライチェーン：供应链

中核技術：核心技术

◉ 句子的翻译

原文　中国海洋石油集団有限公司（中国海油）傘下の中海油田サービス股份有限公司（以下「同社」）が独自に投資・建造したLNG（液化天然ガス）動力サポート船「海洋石油543」「海洋石油548」が7月26日、江蘇省南通市で引き渡された。これにより、同社の12隻のLNG動力サポート船のすべてが引き渡された。

译文 1 7月26日，中国海洋石油集团有限公司（中国海油）旗下中海油田服务股份有限公司（以下"同社"）自主投资建造的LING（液化天然气）动力守护船"海洋石油543""海洋石油548"在江苏南通成功被交付。至此，同社的12艘LNG动力守护船已全部被交付。

译文 2 7月26日，由中国海洋石油集团有限公司（中国海油）旗下中海油田服务股份有限公司（下称中海油服）自主投资建造的LNG（液化天然气）动力守护船"海洋石油543""海洋石油548"在江苏南通成功交付。至此，中海油服12艘LNG动力守护船已全部完成交付。

原文虽看似复杂，实则结构简单。分析句子结构可知，句子主干为"○○公司が投资・建造した船が引き渡された"（某公司投资建造的船被交付）。由于日语中无生命主体作主语时常使用被动态，且分析句子内容可知，这种船是该公司"自主投资建造"的，又怎能"被（其他人或公司）交付"？因此译文1使用被动句式的翻译是不合适的。此外，译文1中使用了"同社"一词，在汉语中并无这样的说法，此种情况可用简称代替。综合以上两点，可改译为译文2。

第五篇

●原文

6月5日、有人宇宙船「神舟14号」を搭載した「長征2号F遥14」キャリアロケットが酒泉衛星発射センターから打ち上げられ、陳冬、劉洋、蔡旭哲の宇宙飛行士3人が宇宙へと飛び立った。

「神舟14号」は軌道に入った後、宇宙ステーションのコアモジュール「天和」、宇宙貨物船「天舟3号」および「天舟4号」とドッキングする。軌道滞在中、「神舟14号」の乗組員は地上と連携して宇宙ステーションの組み立て作業を完成させ、実験モジュール「問天」と「夢天」にも初めて入り、クルーの滞在環境などを確立する計画。

先月、「神舟14号」乗組員の軌道滞在、宇宙ステーションの組み立て、宇宙科学実験などを行うための物資を搭載した宇宙貨物船「天舟4号」の発射が成功した。これは宇宙ステーションの建設がコア技術の検証段階から軌道上での建設段階に移行して初めての発射任務で、中国の有人

宇宙開発プロジェクトにおける3段階の戦略的目標を実現する上で要となる任務の始まりである。

今後、実験モジュール「問天」と「夢天」がそれぞれ7月と10月に打ち上げられ、三つのモジュールはT字型の基本構造を形作り、中国の宇宙ステーションの軌道上での建設が完成する。また、その後は宇宙貨物船「天舟5号」と有人宇宙船「神舟15号」の発射任務も実施される。

（植野友和. 神舟十四号发射！中国空间站在轨建造将于年内完成[N/OL]. (2022-06-05)[2023-03-20]. https：//mp.weixin.qq.com/s/So9bGeVpuun563XND8ywmg）

● 参考译文

6月5日，搭载神舟十四号载人飞船的长征二号F遥十四运载火箭在酒泉卫星发射中心点火发射，将陈冬、刘洋和蔡旭哲3名航天员送入太空。

神舟十四号飞船入轨后，将与天和核心舱，天舟三号、天舟四号货运飞船对接。在轨驻留期间，神舟十四号乘组将配合地面完成空间站组装建设工作，还将首次进驻问天实验舱和梦天实验舱，建立载人环境等。

今年是中国载人航天工程立项实施30周年，也是空间站建造决战之年。上个月，装载了神舟十四号乘组在轨驻留、空间站组装建造、开展空间科学实验等物资的天舟四号货运飞船成功发射，这是空间站建设从关键技术验证阶段转入在轨建造阶段的首次发射任务，实现我国载人航天工程"三步走"战略目标的关键之战由此打响。

后续，空间站问天实验舱、梦天实验舱将分别于7月和10月发射，空间站的三个舱段将形成"T"字基本构型，完成中国空间站的在轨建造。之后还将实施天舟五号货运飞船和神舟十五号载人飞船发射任务。

（人民中国. 神舟十四号发射！中国空间站在轨建造将于年内完成[N/OL]. (2022-06-05)[2023-03-20]. https：//mp.weixin.qq.com/s/So9bGeVpuun563 XND8ywmg.）

● 分析

这是一则有关我国航天的时政新闻，除涉及大量专有名词外，描述较为详细也是理解和翻译这篇文章的难点所在。在翻译此类文章时，要着重分析句子结构，找出句子的主语，正确辨明主语与定语、同位语之间的关系。

● 词语的翻译

有人宇宙船「神舟14号」：神州十四号载人飞船

「長征2号F遥14」キャリアロケット：长征二号F遥十四运载火箭

打ち上げる：发射
宇宙飛行士：航天员，宇航员，宇宙飞行员
宇宙ステーションのコアモジュール「天和」：天和核心舱
宇宙貨物船「天舟3号」：天舟三号货运飞船
ドッキングする：对接
軌道滞在：在轨驻留
宇宙ステーション：空间站
実験モジュール「問天」と「夢天」：空间站问天实验舱、梦天实验舱
クルーの滞在環境：载人环境
コア技術の検証段階：关键技术验证阶段
軌道上での建設段階：在轨建造阶段
有人宇宙開発プロジェクト：载人航天工程
3段階の戦略的目標："三步走"战略目标

●句子的翻译

原文1 6月5日、有人宇宙船「神舟14号」を搭載した「長征2号F遥14」キャリアロケットが酒泉衛星発射センターから打ち上げられ、陳冬、劉洋、蔡旭哲の宇宙飛行士3人が宇宙へと飛び立った。

译文1 6月5日搭载神州十四号载人飞船，长征二号F遥远十四运载火箭在酒泉被发射升空，陈东、刘洋、蔡哲旭三位宇航员飞入太空。

译文2 6月5日，搭载神舟十四号载人飞船的长征二号F遥十四运载火箭在酒泉卫星发射中心点火发射，将陈冬、刘洋和蔡旭哲3名航天员送入太空。

首先，该译文有一处用词不准确。"宇宙飛行士"确实有"宇航员"的意思，但在我国官方发布的稿件中多数使用"航天员"这一术语，因此我们要在翻译时遵循这个习惯。

其次，该译文句子结构混乱，逻辑不清。"有人宇宙船「神舟14号」を搭載した"是"「長征2号F遥14」キャリアロケット"的修饰语，因此应译为"搭载神舟十四号载人飞船的长征二号F遥十四运载火箭"。并且，三位宇航员不是自行飞入太空，而是由火箭送入太空的。译文1没有分析出原文的句子结构，将其译为了独立的三个小句，造成误译。

原文2 「神舟14号」は軌道に入った後、宇宙ステーションのコアモジュール「天和」、宇宙貨物船「天舟3号」および「天舟4号」とドッキングする。

误译 神州十四号飞船入轨后，将与天和核心舱，天舟三号货运飞船及天舟四号对接。

参考译文 神舟十四号飞船入轨后，将与天和核心舱，天舟三号、天舟四号货运飞船对接。

误译中有一处定语理解错误，"宇宙貨物船"是"天舟3号"和"天舟4号"的定语，两艘飞船都是"货运飞船"。

◀ 练习题 ▶

1. 请将以下短文翻译为汉语。

(1) 中国共産党創立100周年祝賀芸術公演「偉大な征途」が6月28日、北京の国家体育場（通称、「鳥の巣」）で盛大に行われた。同公演は合唱や踊り、芝居、伝統劇、詩の朗読といった様々な芸術スタイルを融合させて、中国共産党の誕生から、中国共産党が組織した軍隊「紅軍」による長征、中華人民共和国の建国、朝鮮戦争の際に中国で全国的に展開された大衆運動「抗米援朝」、地震や災害への対策、北京オリンピックの開催、貧困脱却の難関攻略、そして全国民による新型コロナウイルス感染症の闘いといった歴史上の様々なシーンを4つの章に分けて再現し、披露した。（人民網日本語版．北京で中国共産党創立100周年を祝う芸術公演［N/OL］．(2021-07-02)［2023-03-20］. http：//j.people.com.cn/n3/2021/0702/c94638-9867880.html.）

(2) 菅内閣は今日午前、総辞職し、これを受けて、午後一時から開かれた衆議院本会議で、総理大臣の指名選挙が行われた。岸田文雄総裁が自民党や公明党の支持を受けて、総理大臣に指名された。午後2時ごろ、岸田総裁が総理大臣に指名され、第100代の総理大臣に選出された。そして、岸田総理大臣は、午後3時前、総理大臣官邸に入った。（NHK. 第100代首相に自民岸田文雄総裁を選出［N/OL］.(2021-10-04)［2023-03-20］. https：//www.nhk.or.jp/politics/articles/statement/69163.html）

(3) 中国国家衛生健康委員会の6月29日の発表によると、28日の時点で、中国の31省（自治区、直轄市）と新疆生産建設兵団から報告された新型コロナウイルスワクチンの接種回数は12億671万4000

回に達した。この接種回数の達成は決して容易ではない。現在もワクチン接種ペースはさらに加速している。上海市だけを見ると、6月29日の時点で、必要な接種回数を完了した人の数は1683万6000人、18歳以上の接種率は77.6%に達し、上海市のワクチン接種回数は延べ3527万7100回に達している。（人民網日本語版．中国における新型コロナワクチン接種回数12億回以上に上海市の18歳以上接種率は77.6%［N/OL］．（2021-06-30）［2023-03-20］．http：//j.people.com.cn/n3/2021/0630/c94475-9867001.html．）

（4）中国共産党創立100周年祝賀大会が7月1日、北京の天安門広場で盛大に開催された。習近平中共中央総書記（国家主席、中央軍事委員会主席）は同大会に、党と人民を代表して、全党・全国各民族人民の絶え間ない奮闘の末に、私たちは、一つ目の百周年の奮闘目標を達成し、中国の大地に小康社会を全面的に完成させ、絶対的貧困の問題を歴史的に解決し、今や社会主義現代化強国の全面的完成という二つ目の百周年の奮闘目標に向かって意気軒昂として邁進していると厳かに宣言した。（中国網日本語版（チャイナネット）．中国共産党創立100周年祝賀大会が開催［N/OL］．（2021-07-01）［2023-03-20］http：//japanese.china.org.cn/politics/txt/2021-07-01/content_77599715_3.htm．）

（5）香港祖国復帰25周年祝賀大会・香港特別行政区第6期政府就任式が7月1日午前に香港コンベンション＆エキシビションセンターで盛大に行われ、習近平中共中央総書記（国家主席、中央軍事委員会主席）が出席して、重要演説を行った。習主席は、「一国二制度」は実践を重ねて検証されたもので、国家と民族の根本的利益と、香港とマカオの根本的利益に合致し、14億人もの祖国人民の力強い支持や、香港、マカオ住民の一致した支持を得ており、国際社会に広く賛同されていると述べた上で、「このような素晴らしい制度は末永く堅持しなければならず、変更する理由は全くない」と強調した。（CRI online．習主席、「一国二制度」を変更する理由はない［N/OL］．（2022-07-01）［2023-03-20］．https：//www.recordchina.co.jp/b896984-s12-c100-d0189.html．）

第四节　民生领域

　　民生是与大家息息相关的领域，我们需要翻译的此类文章大多源于生活，有一些目标词汇可能是我们从教科书中无法学习到的，这就需要我们对中日两国的文化有充分的了解。诸如日语中的众多俚语，我们要在日常的学习中进行大量的积累，以保证翻译的准确性。当原文中的词句无法与译文完全对应时，我们就需要对词语进行解释性翻译，以保证读者可以正确理解。

第一篇

●原文

コンサートに美術展　「コト消費」がますます加速する中国人

　　先日、歌舞伎を見に行く機会があった。お正月らしく着物を着ている女性やおしゃれしている人がいて、華やかな雰囲気だった。プログラムを買ってみると、英語の解説がついていた。「あれ？英語の解説って以前からあった？」と思ったが、英語の説明があれば、外国人にも理解しやすい。歌舞伎界も少しずつ"国際化"しているのだろう、と感じた。

　　実は最近、中国人の間でも、日本の歌舞伎やコンサート、現代劇、美術館などに興味を示す人が増えている。

　　中国の検索サイト「百度」では、地方の小さな美術館の検索数が増加していると聞くし、昨秋、市川猿之助主演で話題を呼んだスーパー歌舞伎『ワンピース』には、日本のアニメファンである中国人がわざわざ桟敷席を購入して鑑賞しに来ている、と聞いて驚いた。

　　中国の若者が日本のアニメに関心が高いことは知っていたが、"爆買い"と騒がれた2015年以降、彼らの消費傾向は大きく変化し、日本の文化や芸術など「コト消費」や「体験」に興味を示す人が増えてきているのだ。

　　実は「コト消費」へのシフトは、日本など海外に関することだけでなく、中国国内でも猛烈なスピードで進んでいる。

　　中国でも有名歌手がコンサートを開けば、満席となる盛況ぶりが続いているのだ。先週、歌手の中島美嘉さんが上海で開いたコンサートには大勢のファンや若者が詰めかけ、友人の微信（中国版のSNS）にもその情

報が出回っていた。

　友人の投稿によると、チケットの価格は2階席でも980元（約1万6000円）だったそうだが、大変な盛り上がりを見せていたという。1階の最もよい席は1680元（約2万8000円）もしたそうだが、友人によると「ほぼ満席に近い状態」だったそうだ。中国人歌手のコンサートでも、金額はほぼ変わらないという。

　1万6000円といえば、私が日本で見た歌舞伎とほぼ同料金だが、中国人もこういうところに、ふんだんにお金を使うようになってきているということを、日本人ももっと認識するべきだろう。

　以前から、嵐などアイドルのコンサートなどのため、わざわざ日本にやってくる中国人ファンは少なくなかったが、最近は文化に対する興味・関心のすそ野が広がり、特定のアイドルや音楽や演劇ファンだけでなく、展覧会などにも足を運ぶ中国人が増えている。私の著書『なぜ中国人は財布を持たないのか』でも紹介したが、彼らの成熟化は各方面で進んでいるのだ。

　昨年末、上海では蜷川実花さんの展覧会が開かれ、映像作品も含め、「花」「金魚」などをテーマとした1000点以上の作品が展示されたが、大盛況だった。現在も、同じく上海で安藤忠雄さんの展覧会が開催中だが、こちらも上海の若者を中心に注目を集めている。

　昨年、埼玉県で開かれた「世界盆栽大会」にも多数の中国人客が訪れた。私も杭州のおしゃれなカフェで日本のすばらしい盆栽を発見したときには驚いたが、日本人が想像する以上に文化への興味は広がってきているのだろう。

　先週末、2017年の訪日観光客数が5年連続で過去最高を記録したことが明らかになった。2016年に比べて、約20％も増加し、約2870万人となった。中でも最も多いのは中国人で前年比15％増の約735万人。中国からの訪日客は、団体よりも個人客が急増しており、とくに若い女性の増加が顕著だ。

　こうしたことから、中国人の「コト消費」はますます加速していくと考えて間違いないだろう。

　　（中島恵. コンサートに美術展……「コト消費」がますます加速する中国人［Z/OL］.（2018-1-17）［2022-8-10］https：//news.yahoo.co.jp/byline/nakajimakei/20180117-00080555）

●参考译文

演唱会、美术展——在"精神消费"上日益加速的中国人

前几天我有机会去看歌舞伎,发现观众们有的穿着和服,也有的盛装打扮,显得气氛很隆重。我买了一份节目单,上面居然有英语。我在想"以前就有英语说明的吗?"如果有英语说明的话,外国人也很容易理解。看来歌舞伎界也在逐渐"国际化"吧。

事实上对日本的歌舞伎、音乐会、现代剧、美术馆等表示出兴趣的中国人也越来越多了。听说在中国的搜索网站"百度"上,针对地方性的小美术馆的搜索量在上升。还有去年秋天,中国的日本动漫迷特意买内场票前来观看市川猿之助主演的人气超级歌舞伎《海贼王》,这些真的很让我吃惊。

虽然知道中国的年轻人对日本的动漫很感兴趣,但自从2015年的"爆买"之后,他们的消费趋势发生了很大的变化。对日本的文化、艺术等"精神消费"和"体验"感兴趣的人也增加了。

事实上,"精神消费"的转变也出现在中国国内的市场上。在中国,知名歌手的演唱会门票往往一票难求。上周,歌手中岛美嘉在上海举办的演唱会就吸引了大量的粉丝和年轻人。朋友的微信也收到了相关推送。据朋友说,连2楼的座位票价也要980元(约16000日元),可见其受欢迎程度。据说1楼最好的座位票价高达1680元(约28000日元),却"几乎座无虚席"。中国歌手的演唱会,票价也基本上一样。花费16000日元的话,和我在日本看一场歌舞伎的费用几乎是一样的。看来中国人也开始加大文化消费了。日本人应该认识到这一点。

以前,为了观看"岚"等偶像的演唱会,特意来日本的中国粉丝不在少数,但是最近中国消费者对文化的兴趣不断扩大,除了偶像、音乐、戏剧,更多的中国消费者还会参观各种展览会。在我写的《为什么中国人不带钱包》中也介绍过,中国消费者的消费观念日渐成熟,这一点化体现在各个方面。

去年年末,蜷川实花的展览会在上海举办,展出了包括影像作品在内,以"花""金鱼"等为主题的作品1000多件,盛况空前。现在,同样在上海,安藤忠雄的作品展也正在举行,同样也吸引了不少上海年轻人。

去年,在琦玉县举办的"世界盆栽大会"上也有很多中国游客到访。我也意外地在杭州的一家时尚咖啡店见到了精美的日本盆景。中国人对于文化(展览)的兴趣已经远远超过日本人的想象了。

上周末,日本政府公布,2017年延续了近五年来的良好势头,访日游客数量再创新高,与2016年相比,增加到2870万人,增幅20%。其中最多的

是中国游客，约 735 万人，比去年增加了 15%。中国游客中，散客数量激增，特别是年轻女性的增加尤为显著。

看来中国人的"精神消费"无疑会不断地发展。

●分析

这是一篇日本人写的有关中国人在文化领域消费习惯变化的文章。需要注意的是：一是文中提及的许多中国国内的事物、现象等需要使用规范或常用的汉语表达，而不能简单地直接从日语翻译了事；二是要考虑到原文的读者对象是日本读者，因此有些中国国内的情况需要追加解释性内容，而译文的读者对象是中国人，因此对原文的此类解释性内容需要采取减译的方式。针对组合型的日语单词，如"コト消费"这类无法从教科书上学到的内容，需要深入了解其意义，了解词源词性，做出正确的翻译。随着中国与世界的交流、联系日渐紧密，外国人用外语写中国的文章也会越来越多。通过此类文章，我们可以从外国人的视角了解他们是如何看待中国的，因此准确地理解并翻译原作者的观点就尤为重要。

●词语的翻译

検索サイト：搜索网站、搜索引擎

桟敷席：内场票（歌舞伎表演中的看台票，相当于演唱会中的内场票，距离舞台更近）

シフト：转换、变位、改变

爆買い：疯狂购物

消費傾向：消费的倾向性

満席：满座

過去最高：历史最高

コト消費：精神消费

個人客：散客

●句子的翻译

原文1　先日、歌舞伎を見に行く機会があった。お正月らしく着物を着ている女性やおしゃれしている人がいて、華やかな雰囲気だった。プログラムを買ってみると、英語の解説がついていた。「あれ？英語の解説って以前からあった？」と思ったが、

英語の説明があれば、外国人にも理解しやすい。歌舞伎界も少しずつ"国際化"しているのだろう、と感じた。

误译 前几天有机会去看歌舞伎。有穿着和服的女性和打扮得像过年一样的人，显得气氛很隆重。买了一份剧情说明，上面居然是英语。我在想"以前就有英语说明的吗？"如果有英语说明的话，外国人也很容易理解。我觉得歌舞伎界也在一点点"国际化"吧。

参考译文 前几天我有机会去看歌舞伎，发现观众们有的穿着和服，也有的盛装打扮，显得气氛很隆重。我买了一份节目单，上面居然有英语。我在想"以前就有英语说明的吗？"如果有英语说明的话，外国人也很容易理解。看来歌舞伎界也在逐渐"国际化"吧。

这个译文存在三个问题。一是需要加译主语的地方没有加，而不需要的地方却加译了。第一句和第二句需要加译"我"，否则让读者弄不明白是谁去看歌舞伎，谁去买了剧情说明。最后一句的"我觉得"（と感じた）可以减译动词，加译主语也没有必要。二是"お正月らしく着物を着ている女性やおしゃれしている人がいて"的定语翻译不准确。原文直译是"像过年那样穿着和服的女性以及打扮得漂漂亮亮的人"，结合后文的"華やかな雰囲気だった"，可以概括性地减译为"穿着和服、盛装打扮的观众"。三是"上面是英语"应为"上面有英语"。"是"意味着剧情说明只有英语，"有"意味着除了日语还有英语。很难想象在日本的歌舞伎演出，其节目单上会只有英语。一字之差，差别很大。

原文2 先週末、2017年の訪日観光客数が5年連続で過去最高を記録したことが明らかになった。

误译 上周末，2017年访日游客数连续5年创下历史最高纪录。

参考译文 上周末，日本政府公布，2017年延续了近五年来的良好势头，访日游客数量再创新高。

误译的译文漏译了"明らかになった"，译文出现语病。首先"上周末"并非"過去最高を記録した"的时间状语，而是"明らかになった"的时间状语。因此这里的谓语不能减译。另外，2017年这一年的访日游客数量如何能"连续5年"创下新高？所谓的"5年连续"是指近五年每年的访日游客数量都刷新了前一年的记录。因此不能照搬原文的"连续5年"。原文的意思是"'2017年的访日游客数量创下5年来的新高、且近5年来每年都在刷新前一年的记录'这一事实在上周末得到了明确"。按照汉语表达习惯还需要加译主语，即"谁"

明确了这一事实，否则译文充满了翻译腔。因此按照常理加译"日本政府"最为妥当。

原文3　2016年に比べて、約20％も増加し、約2870万人となった。中でも最も多いのは中国人で前年比15％増の約735万人。中国からの訪日客は、団体よりも個人客が急増しており、とくに若い女性の増加が顕著だ。

误译　与2016年相比，增加约20％，约2870万人。其中最多的是中国人，与前年相比增加15％，约735万人。中国来的访客与旅游团相比，散客数量激增，特别是年轻女性的增加尤为显著。

参考译文　与2016年相比，增加到2870万人，增幅20％。其中最多的是中国游客，约735万人，比去年增加了15％。中国游客中，散客数量激增，特别是年轻女性的增加尤为显著。

画线句子采用了顺译，但顺译的结果是译文产生了歧义。"与2016年相比，增加约20％，约2870万人。"2870万人是增加的人数，还是增加后的人数总和？原文语义明确，2870万人是增加了20％后的人数总和，即2017年的访日游客总量为2870万人。因此需要调整语序，明确译文语义。

第二篇

●原文

健康コード

　ユーザーが自己申告した個人情報と関連部門の新型コロナウイルス感染症データを、地方政府が運営するバックエンドシステムが照合・審査し、形成される個人専用のQRコードのこと。これは感染対策期間中、その地域で移動するための個人の健康状況をデジタル化したものだ。「緑、黄、赤」の3色でリアルタイム管理を行うものが多い。緑コードは正常に移動することができ、黄コードは14日間の在宅隔離が必要で、赤コードは集中隔離して医学的観察を実施する必要がある。昨年2月11日、浙江省杭州市が率先して導入し、感染症の予防・抑制と操業・生産の再開をより科学的で秩序あるものにすることに役立っている。

（人民中国公式アカウント新語ネット語（126）［Z/OL］.（2021-10-7）［2022-8-13］. https：//mp.weixin.qq.com/s/ua8BAo5gPjY_cFAXit0bZA）

◉ **参考译文**

健康码

健康码指根据用户自主申报的个人信息，关联相关部门的疫情数据，由各地政府运营的后台系统对比审核后形成的个人专属二维码。它是疫情期间，个人在当地出行的数字化健康证明。多以"绿码、黄码、红码"三色实施动态管理，绿码可以正常通行，黄码需要居家隔离 14 天，红码需要集中隔离进行医学观察。2020 年 2 月 11 日，健康码由浙江省杭州市率先推出，目的是助力疫情防控和复工复产，使其更加科学、有序。

◉ **分析**

本篇文章为说明性短文，介绍了疫情当下中国的防疫措施——健康码。此类文章翻译时需注意要尽量一一对照进行翻译，保证忠实于原文。另外在个别难以对应翻译的句子上，可以适当地删除多余的词句来保证译文的易读性。本例文为对中国国内发生的实际情况进行解释说明的内容，因而作为母语者的我们可以较为容易地找到汉语中相对应的翻译方式。

◉ **词语的翻译**

ユーザー：用户、使用者
自己申告：自主申报
関連部門：相关部门、有关部门
バックエンドシステム：后端系统、（计算机程序）后台
照合：对照、核查
QRコード：二维码
デジタル化：数字化
リアルタイム：即时、动态
在宅隔離：居家隔离

◉ **句子的翻译**

原文 1　これは感染対策期間中、その地域で移動するための個人の健康状況をデジタル化したものだ。
误译　它是在疫情期间，在其区域内活动的数字化的个人健康状况。
参考译文　它是疫情期间，个人在当地出行的数字化健康证明。

本句中使用了很多代词，在日语中代词的使用非常普遍，在翻译时一定

要注意代词翻译的指代是否准确。例如句中的"これ"和"その"明显就应该有着不同的翻译。"これ"代指整个文章的主题，即"健康コード"，翻译时使用"它"来代指问题不大；而"その"则代指健康码施行的地区，只粗略地翻译成"其区域"显然是不够准确的。但如果以代指的全称去翻译，则显得烦冗啰唆，因此增译"当地"一词，既体现出对象地区的准确性，也保证了翻译的简洁性。

另外，原句中使用了日语中常见的形式名词表现形式，即"ものだ"，在翻译这样的句式时一定要随着语境和内容的变化去选择适当的词语。误译的示例中将数字作定语，直接将"健康状况"和"ものだ"等同起来，虽说是一种讨巧的翻译方式，并且在某些语境下可以使用，但在本句中明显有了局限性。因此我们还需要给"ものだ"找一个合适的替代词。在这里我们注意到"这个东西"将人们的健康状况数字化是为了让人们在当地可以自由移动，因此我们认为"这个东西"是可以证明人们健康状况的，最终我们选择"健康证明"一词来代指"ものだ"。

原文2 昨年2月11日、浙江省杭州市が率先して導入し、感染症の予防・抑制と操業・生産の再開をより科学的で秩序あるものにすることに役立っている。

误译 2020年2月11日，由浙江省杭州市率先推出，助力疫情防控和复工复产更加科学、有序。

参考译文 2020年2月11日，健康码由浙江省杭州市率先推出，助力疫情防控和复工复产，目的是使其更加科学、有序。

本句在翻译时应首先注意补足主语，误译译文中的后半句出现了语病，出现这种情况的原因是由于对于日语中的形式名词处理不当。"役立っている"的对象是"感染症の予防・抑制と操業・生産の再開をより科学的で秩序あるものにすること"，即"使疫情防控和复工复产更加科学、有序"，这样的句子已经完整，不缺成分，强行加入"役立っている"（即"助力"），就会使译文产生歧义，因此要对译文进行处理。

第三篇

●原文

中国：「高温手当」支給スタート、海南は10月まで

中国の28省がこれまでに、今年の「高温手当」の支給基準や期間を発表した。支給期間が最も長いのは海南省の7カ月（4～10月）で、全国の平

均的な支給額は1カ月300人民元（約6000円）だ。新経緯が17日付で伝えた。

中国政府の規定によると、「気温35度以上の屋外での業務」や「室温を33度以下にできない部屋での業務」について、雇用主は従業員に高温手当を支給しなければならない。

多くの省は、月単位や日単位での支給で、河南省だけが時間単位。月単位は、上海市や江蘇省、浙江省などの6省市だ。支給額は各地で異なるが、300人民元が一般的。一方、日単位で支給する省市の支給額は、25人民元（陝西省）、10～18人民元（四川省）、11.5～13.8人民元（広西チワン族自治区）などとなっている。

期間は6～9月の4カ月が最も多い。最も長いのは海南省の4～10月（7カ月）、短いのは吉林省（6～8月）や遼寧省（7～9月）の3カ月となっている。

（亜州ビジネス編集部．中国：「高温手当」支給スタート、海南は10月まで［Z/OL］．（2022-6-20）［2022-8-15］．https://ashu-chinastatistics.com/news/806156-58057515480）

● 参考译文

中国：开始发放"高温补贴" 海南持续至10月

截至目前，中国28个省份公布了今年"高温补贴"的发放标准和期限。发放时间最长的是海南省，共计7个月（4～10月），全国的平均数额是每月人民币300元（约6000日元）。最新情况已于17号发布。

政府规定，针对"工作场所温度高于35℃的室外作业"和"室温不低于33℃的室内工作"，用人单位应向员工发放高温补贴。

多数省份按月或按日发放，只有河南省按小时发放。按月发放高温补贴的省份有上海市、江苏省、浙江省等6省市。各地的补贴数额有所不同，一般为人民币300元。另一方面，按日发放高温补贴的省市中，其补贴数额有25元（陕西省）、10～18元（四川省）、11.5～13.8元（广西壮族自治区）等。

发放时间一般在6～9月之间，共计4个月，其中时间最长的省份是海南省，为4～10月（7个月），最短的是吉林省（6～8月）和辽宁省（7～9月），都是3个月。

● 分析

这篇文章大致介绍了各地高温补贴的相关政策，是一篇新闻稿。从内容

上看，可以发现南北省份的高温补贴发放时长有所不同，但都必须给予员工高温天气下的工作补贴。这里的"高温补贴"用到的日语说法就是"高温手当"，在日语里"手当"有"补助、津贴"的意思，如"家属津贴"日语是"家族手当"，"交通补贴"是"通勤手当"。在炎炎烈日下工作，有些单位会视具体情况自定"高温假"，让员工回去休息。"高温假"的日语说法是"高温休暇"。从语句表达上看，新闻稿较为简洁，遇到有些在日语表达中可以省略而在汉语表达中不可省略的词句，要注意补足省略的部分以保证译文的通顺。

◉ 词语的翻译

支給： 支付，发给金钱或者物品

日付： 日期，（记载文书、信函等制成或提出的）年月日

手当： 补助，津贴

経緯： 除表示经纬度的意思以外，在日语中多表示事情或者事情的经过

広西チワン族自治区： 广西壮族自治区

◉ 句子的翻译

原文1 多くの省は、月単位や日単位での支給で、河南省だけが時間単位。月単位は、上海市や江蘇省、浙江省などの6省市だ。

误译 多数的省份是以月或者日为单位发放的，只有河南省是以时间为单位进行发放的。以月为单位的有上海市、江苏省和浙江省等6个省市。

参考译文 多数省份按月或按日发放，只有河南省按小时发放。按月发放高温补贴的省份有上海市、江苏省、浙江省等6省市。

误译示例中的这句译文主要存在两个问题。首先比较明显的错误是"時間単位"一定不能习惯成自然地翻译成"以时间为单位"，这虽然是一个常识，但在实际翻译过程中依然有译错的情况。另外，本句中的"月単位""日単位""時間単位"分别翻译成"以月、天、小时为单位"在意思上并没有问题，但在译文中反复出现"以……为单位"这样的表述则显得不够简洁，需要精简。

原文2 期間は6～9月の4カ月が最も多い。最も長いのは海南省の4～10月（7カ月）、短いのは吉林省（6～8月）や遼寧省（7～9月）の3カ月となっている。

误译 6到9月4个月期间是最多的。最长的是海南省的4到10月（7个月），较短的是吉林省（6～8月）和辽宁省（7～9月）的3个月。

参考译文 发放时间一般在 6~9 月之间，共计 4 个月，其中时间最长的省份是海南省，为 4~10 月（7 个月），最短的是吉林省（6~8 月）和辽宁省（7~9 月），都是 3 个月。

　　本句对于日语中的"期間"一词需要进行补充翻译，如果直接翻译为"期间"，不利于与上文的衔接。另外对于"最も多い"也不宜按字面意义直译成"最多的"。因为"期间"与"最多"不搭配。结合上文，可以把"最多的"理解为"普遍的，多数的，一般的"，如此则译文会显得更加合理。另外，将"6~9 月の4カ月"连起来翻译不符合汉语的语言习惯，应将其拆分成汉语常用的表达方式。后半句同样应该补充主语，并且在适当的位置将日语原句拆分成小句子再进行翻译。

◀ **练习题** ▶

1. 请将以下短文翻译为汉语。
(1) 今回の北京冬季五輪はコロナ禍を克服して開催にこぎつけた。また、会場建設は最新技術を導入して二酸化炭素（CO2）の排出量を削減し、競技会場の電力はすべて自然再生エネルギーでまかなった。こうした成果を一過性のものとせず、四季を通じて施設を市民に開放していくことで、五輪のレガシーを広く市民と共有していこうとしている。
(2) ライブ配信の業界関係者は「食品のライブ販売はユーザーの視覚に訴えることが最も重要。食品の大きさや色などの『映える』面に力を注ぎ、食品の品質や味は二の次という無責任な業者もいる」と打ち明ける。
(3) 中国で生鮮食品をオンラインで購入する生活スタイルが広がっている。「スーパーに行かずにスマホで買い物」という時代。コロナ禍で大きな役割を果たし、2021 年の生鮮 EC（電子商取引）の取引規模は前年比 27.9％増の4658 億元（約 9 兆 1305 億円）に達した。同時に、品物を巡るトラブルも目立つようになっている。
(4) 「双減政策」では、学校での宿題の上限を学年ごとに設定。学習塾に至っては「営利目的の経営を認めない」とし、実質は「塾禁止令」だ。政府が同時に芸術鑑賞やスポーツを奨励すると、双減政策の発表から1か月で全国に 3 万か所以上の芸術・スポーツ教室が新設された。塾代の負担がなくなり、時間の余裕もできたこと

で、各家庭は子どもをこうした教室に通わせている。
(5) 中国は今年中にも「人口減少時代」に突入する。既に多くの省・直轄市・自治区で人口減少が始まっている中、中国東部の浙江省は「大卒者で起業する人に最大50万元（約963万円）を貸し付け、失敗しても省政府がほとんど肩代わりする」などの大胆な政策を打ち出し、若い流入人口をひきつけるのに成功している。

第五节　文化领域

文化领域所涉及的范围较广，内容也大多会与该国特色相关，经常会出现一国有而另一国无的情况，准确翻译的难度很大。在进行此类文章的翻译时，我们重点要解决跨文化交际的问题，在理解对方文化的基础上，灵活采用归化、异化的翻译策略。特别是当遇到原语中的特有词汇时，如何准确翻译是首先需要解决的问题。为了解决这个问题，我们要尽量将此部分进行详尽解释，切不可为了省时省力，而将原文原封不动地照搬到译文中，这样既不准确，对读者也不友好。

第一篇

◉原文

婚姻率アップへ"地味婚"推進　中国「派手さ競う風習改める」

深刻な少子化が続く中、中国政府は河北省や四川省、内モンゴル自治区、上海市などの計32地区を「婚姻風習改革実験区」に指定した。高額な結納品や派手な披露宴といった結婚時の慣習を是正し、若者の婚姻率低下に歯止めをかける狙い。2024年までの3年間で、挙式を簡素化する「地味婚」の推進をはじめ、さまざまな施策に取り組む。

中国では、婚約する際に主に男性側がマンションや自動車などの贈答品や「彩礼（ツァイリー）」と呼ばれる結納金を用意し、相手側に「敬意」を示すことが慣習化。相場は地域で異なるが、中国メディアによると経済成長に伴って高額化し、農村でも日本円で1800万円ほどかかる地域があるという。

(坂本信博. 婚姻率アップへ"地味婚"のススメ 中国「派手さ競う風習改める」 [Z/OL].

(2021-11-17)［2022-8-16］．https：//www.nishinippon.co.jp/item/n/832827/）

◉ 参考译文
中国为提高婚姻率提倡"素婚"，"破除天价彩礼攀比风气"

中国政府在河北、四川、内蒙古和上海等地的32个地区设立了"婚姻习俗改革实验区"。为纠正"天价彩礼"和"奢华婚宴"等不良婚姻习俗、遏止年轻人婚姻率继续下降，到2024年为止的三年里，上述实验区将采取包括简化结婚仪式的"素婚"在内的多种举措推进婚姻习俗改革。

在中国，男性在订婚时通过提供住房和汽车等礼物以及"彩礼"来表示对其配偶的尊重，这已成为一种习俗。彩礼金额因地区而异，但据中国媒体报道，随着经济的发展，彩礼金额也越来越高，即使在农村地区，有些地方彩礼也高达108万人民币（约1800万日元）。

◉ 分析

这则报道介绍了中国婚俗中下聘礼的习俗，以及为了适应新形势而推动的聘礼缩减改革政策。"素婚"对应的日语是"地味婚"，"地味"这一形容词经常用于表达衣着打扮或者生活态度"朴素""低调"。"結納金"指订婚时的礼品、聘礼，相当于彩礼。从语言使用的层面来看，日语原文在直译后会出现很多内容缺失的情况，需要进行加译或者意译。而对于在汉语中经常出现而在日语中并不常用的表达方式，我们要准确找出汉语中与之相对应的单词或句子，提高译文的流畅性和准确度。

◉ 词语的翻译

地味婚（じみこん）：素婚
結納金：聘礼、彩礼
披露宴（ひろうえん）：为宣布结婚、开店等而举行的宴会
是正する：改正，订正，更正，纠正
歯止めをかける：遏止、阻止
相場（そうば）：市价、行市

◉ 句子的翻译

原文1　深刻な少子化が続く中、中国政府は河北省や四川省、内モンゴル自治区、上海市などの計32地区を「婚姻風習改革実験

　　　　区」に指定した。

误译　严重的少子化问题还在持续中，中国政府在河北省、四川省、内蒙古自治区，上海市等32个地区指定开展实施"婚姻风俗改革试验区"。

参考译文　中国政府在河北、四川、内蒙古和上海等32个地区设立"婚姻习俗改革实验区"，以提高结婚率、从而解决新生儿出生率持续下降的问题。

这一句译文存在三个问题，第一，"少子化"是日语词汇，虽然中文也在逐渐开始使用这个词汇，但并非中文的规范用语，在正式的场合应该对这样的词汇进行解释性翻译。第二，由于语序和语言习惯的问题，如果按照日语原文进行直译，则译文的逻辑关系会出现缺失，"严重的少子化问题还在持续中"和"中国政府在河北省、四川省、内蒙古自治区，上海市等32个地区指定开展实施'婚姻风俗改革试验区'"之间的因果关系不明确，因此在这里可减译，略去不译。

原文2　高額な結納品や派手な披露宴といった結婚時の慣習を是正し、若者の婚姻率低下に歯止めをかける狙い。2024年までの3年間で、挙式を簡素化する「地味婚」の推進をはじめ、さまざまな施策に取り組む。

误译　纠正高额的彩礼和奢侈的宴席等结婚时的习惯，目的是为了阻止年轻人的结婚率低下的问题。到2024年的3年里，要以推进简化仪式的"素婚"为起点，采取各种各样的措施。

参考译文　为纠正"天价彩礼"和"奢华婚宴"等不良婚姻习俗、遏止年轻人婚姻率继续下降，在到2024年为止的三年里，政府将采取包括简化结婚仪式的"素婚"在内的多种举措推进婚姻习俗改革。

本句译文出现的问题主要体现在语句生硬，词语搭配不当。首先，"阻止"和"问题"不搭配，应为"解决……问题"。其次，"狙い"的修饰语是并非只有"若者の婚姻率低下に歯止めをかける"，还包括"高額な結納品や派手な披露宴といった結婚時の慣習を是正し"，因此译文的第一句是误译。

原文3　相場は地域で異なるが、中国メディアによると経済成長に伴って高額化し、農村でも日本円で1800万円ほどかかる地域があるという。

误译 行情因地区不同而不同，根据中国媒体报道，伴随着经济发展而出现的彩礼高价化，即便是在农村也会出现1800万日元彩礼的地方。

参考译文 彩礼金额因地区而异，但据中国媒体报道，随着经济的发展，彩礼金额也越来越高，即使在农村地区，有些地方彩礼也高达108万人民币（1800万日元）。

　　首先要明确的是原文3是一个长句子，所以在翻译时要注意句子的主语和谓语之间的关系，在这个句子中，主语是"相場"，也就是指彩礼的市场行情，在译文中我们应该补足这一点或者换一种方式来明确主语。另外，原句中的三个顿号将句子分成了三个分句，这三个分句的主语都是"相場"，由于汉日语言习惯不同，我们在将原文翻译成中文时为了表达准确且逻辑清晰，最好将长句子拆分开进行翻译，这时就要注意每一个分句的主语是否明确，不明确的一定要将主语补足。最后，在遇到例如价格或者日期等中日计数方式不同的情况时，应考虑到译文读者的习惯，例如此处可采用人民币表示，并在其后括注日元。

第二篇

●原文

絵文字は言語の一種か？

　　英語でも日本語でもスワヒリ語でも、言語として成立するには2つの要素が必要だ。語彙と文法だ。このように考えると絵文字は非常に独特なものだといえる。視覚的に感情を伝えるマークによって意味を伝えることができるが、言語の一種とみなすのは難しい。第一に、語彙の問題がある。絵文字を言語とみなそうとしても、英語に比べて語彙量が少なすぎる。毎年新しい絵文字が誕生するものの、現在利用できるものは2千種類に満たない。一方、英語を母語とする人の語彙量は幼稚園に入る頃には5千語に達し、中学生で1万2千語になる。

　　語彙量の少なさは克服することが難しい問題だ。絵文字を利用して抽象的な思考を表現するのは難しく、ウィンク、笑顔、ポーズなどのマークで簡単な意味を伝えることはできるが、「排外主義」、「フェミニズム」、「倫理」、「反伝統主義」といった概念は一体どうやって伝えればよいのか。

次に、文法の問題だ。文法を通じて、さまざまな語彙を組み合わせ、まとまったセンテンスを作り上げるのは、実に複雑なプロセスだ。だが絵文字利用に文法の問題は存在しない。

もちろん絵文字の熱狂的愛好者の絵文字を尊ぶ気持ちを否定するわけではない。デザイナーのケン・ヘイルさんは絵文字で名作文学『不思議の国のアリス』を翻訳したことがある。ヘイルさんは、「絵文字は一種の言語で、自分の翻訳プロセスは『暗号化意味論』だといえる」との見方を示した。

◉ 参考译文

表情符号是语言吗?

英语也好,日语也好,斯瓦希里语也好,但凡语言至少需要具备两个要素:词汇与语法。这样看来表情符号是非常独特的。通过视觉传达感情的符号能够表达意义,但很难将其作为一种语言。首先是词汇的问题,表情符号的数量与英语的词汇相比,数量太少。虽然每年都会有新的表情符号出现,但能够经常使用的也不过2000种。与此相对的是,以英语为母语的人在幼儿园阶段就要掌握5000个词汇,中学生的词汇量则会达到12000词。

词汇量少的问题很难解决。虽然表情符号可以表达诸如眨眼、笑脸、姿势等,但很难表达抽象意义,比如"排外主义""女权运动""伦理""反传统主义"等概念。

其次是语法问题。依据语法规则,将不同的词汇组织成完整的句子,其实是一个复杂的过程。但使用表情符号则不必考虑语法问题。

当然,笔者并不想否定表情符号的支持者们对其的喜爱。设计师肯·黑尔就曾经用表情符号翻译过名著《爱丽丝梦游仙境》。黑尔认为表情符号就是一种语言,自己的翻译过程就是暗号化意义论。

◉ 分析

本文介绍了近些年在网络上流行的表情符号,并讨论了其作为一种新兴的语言符号是否能被认为是一种语言的问题。在涉及议论的内容时,我们要注意翻译的内容要保持简洁,逻辑清晰。另外,议论文会有大量阐述作者自己意见的表述,这在日语中突出表现为"～と言える""～だろう""～違いない"等表达主观语气的词汇,这部分词汇本身没有太多实际的意义,在翻译时需要合理处理,避免译文烦琐冗长。

● 词语的翻译

スワヒリ語：斯瓦西里语
語彙：词汇
ウィンク：眨一只眼示意
ポーズ：姿势，形态，摆造型
マーク：印记，标记
デザイナー：设计师
プロセス：经过，过程；手续；程序
意味論：意义论，研究符号及其指示对象的相互关系

● 句子的翻译

原文1　英語でも日本語でもスワヒリ語でも、言語として成立するには2つの要素が必要だ。語彙と文法だ。

误译　英语也好，日语也好，斯瓦希里语也好，但凡语言至少需要具备两个要素。这两个要素是词汇与语法。

参考译文　英语也好，日语也好，斯瓦希里语也好，但凡语言至少需要具备两个要素：词汇与语法。

这段误译的问题主要在句尾，日语原文中使用了两个分句，即"语言至少要具备两个要素"和"两个要素是词汇与语法"。这里最好使用合译，使句子更加简洁明白。

原文2　絵文字を利用して抽象的な思考を表現するのは難しく、ウィンク、笑顔、ポーズなどのマークで簡単な意味を伝えることはできるが、「排外主義」、「フェミニズム」、「倫理」、「反伝統主義」といった概念は一体どうやって伝えればよいのか。

误译　使用绘文字去表达抽象的意义是很难的，绘文字可以传递诸如眨眼、笑容、姿势等简单的意思，但是像"排外主义""女权运动""伦理""反传统主义"等概念究竟该如何去表达呢？

参考译文　虽然表情符号可以表达诸如眨眼、笑脸、姿势等，但很难表达抽象意义，比如"排外主义""女权运动""伦理""反传统主义"等概念。

这段误译的问题主要出现在语言的精炼程度上，我们可以将这段原文分

成三个分句，即"絵文字を利用して抽象的な思考を表現するのは難しく""ウィンク、笑顔、ポーズなどのマークで簡単な意味を伝えることはできるが"和"「排外主義」、「フェミニズム」、「倫理」、「反伝統主義」といった概念は一体どうやって伝えればよいのか"。通过分析我们可以清楚第一个分句和第三个分句在意思上是相同的，都是表达"表情符号是无法表达抽象概念的"，进而举例。所以在翻译时我们可以将第二分句提前，将第一第三分句组合在一起，以此来提高句子的精炼程度。而原文中第三分句最后使用了反问，这个反问在日语中较为常用，但如果如实翻译则在译文中显得较为突兀，此处我们可以选择减译。

原文3 次に、文法の問題だ。文法を通じて、さまざまな語彙を組み合わせ、まとまったセンテンスを作り上げるのは、実に複雑なプロセスだ。だが絵文字利用に文法の問題は存在しない。

误译 其次，是语法的问题。通过语法，可以组合各种各样的词汇，而造出完整的句子则是一个非常复杂的过程。但是利用表情符号就不存在语法的问题。

参考译文 其次是语法问题。依据语法规则，将不同的词汇组织成完整的句子，其实是一个复杂的过程。但使用表情符号则不必考虑语法问题。

这段误译出现了两个问题，第一个出现的问题比较隐晦，即"文法を通じて、さまざまな語彙を組み合わせ、まとまったセンテンスを作り上げるのは、実に複雑なプロセスだ"中的"のは"修饰的是整个句子，而不是单独地修饰"作り上げる"，所以在翻译时不要漏掉句子前面的部分。第二个问题是使用"利用"这个词，虽然可以基本传递句意，但在翻译时尽量不要将日语词汇不加修改地移到译文中来，否则译文可能会出现比较重的翻译腔，显得极不自然。

原文4 もちろん絵文字の熱狂的愛好者の絵文字を尊ぶ気持ちを否定するわけではない。デザイナーのケン・ヘイルさんは絵文字で名作文学『不思議の国のアリス』を翻訳したことがある。ヘイルさんは、「絵文字は一種の言語で、自分の翻訳プロセスは『暗号化意味論』だといえる」との見方を示した。

误译 当然，不应该否定表情符号支持者们对其的喜爱。设计师肯·黑尔就曾经用表情符号翻译过名著《不可思议国家的爱丽丝》。黑尔

参考译文	认为表情符号就是一种语言，自己的翻译过程就是暗号化意义论。当然，笔者并不想否定表情符号支持者们对其的喜爱。设计师肯·黑尔就曾经用表情符号翻译过名著《爱丽丝梦游仙境》。黑尔认为绘文字就是一种语言，自己的翻译过程就是暗号化意义论。

这段内容在翻译时要注意两个方面。第一，在翻译"もちろん絵文字の熱狂的愛好者の絵文字を尊ぶ気持ちを否定するわけではない。"这一句时，容易忽略主语，我们可以通过"わけ"来判断本句主要强调的是笔者的观点。而误译中的表达容易让人们理解为这是一种共识性的观点。第二，对于人名、地名、书名等专有名词，要先查资料，判断是否有约定俗成的译名。如果没有，才能采取音译或意译的方式来翻译。

第三篇

● 原文

中国の国宝級文化財を展示 香港故宮文化博物館が人気

ビクトリアハーバーを見渡す香港・西九（West Kowloon）文化地区に、中国文化の宝物を集めた「香港故宮文化博物館」が7月3日にオープンした。北京の故宮博物院が収蔵する国宝級をはじめとした文化財を展示。7月1日で香港が中国に返還されて25年となる節目に合わせた「贈り物」に、連日多くの香港市民が訪れている。

香港の都市の洗練さと中国の伝統建築からインスピレーションを受けた建物は、7800平方メートルの展示エリアに9つのギャラリーを配置。故宮博物院が収蔵する186万点の膨大なコレクションから、国家1級文物166点を含め914点を展示している。1925年に故宮博物院が誕生して以来、中国本土以外では最大規模となる。香港故宮文化博物館の陳智思（Bernard Chan）主席は「あらゆる面で前代未聞だ」と喜びの声を上げる。

古代から清朝までの陶磁器や水墨画、金銀細工、翡翠（ひすい）、刺しゅうなど、中国の悠久の歴史を感じさせる文化財を展示。清朝の乾隆帝が祭祀（さいし）で身に着けた式服や、皇帝、皇后の肖像画も並ぶ。

香港故宮文化博物館の開館は返還記念日翌日の7月2日の予定だったが、当日は悪天候のため1日延期してオープン。中国の若者の間で流行している古代の民族衣装「漢服」をまとって来館する人も目立った。宮廷の女性

貴族のような衣装を着た香港市民の陸さんは「紫禁城(故宮)の雰囲気はやはり、漢服とマッチします。今度は友達と一緒に漢服で訪れます」と笑顔を浮かべた。

6月14日から14万枚のチケットが発売され、7月分はすでに完売。今後は定期的に故宮博物院の収蔵品から選り抜きの展示物を入れ替えていく。西九文化地区には美術館や芸術劇場もあり、香港故宮文化博物館は周辺施設とともに香港の新たなランドマークとなりそうだ。

また、香港故宮文化博物館の誕生を記念してパリのルーブル美術館からも13点が貸し出され、馬にまたがったルイ14世の銅像も展示されている。今後は東西の国際文化交流の拠点になることも期待されている。

(東方新報. 中国の国宝級文化財を展示香港故宮文化博物館が人気［Z/OL］. (2022-7-22)［2022-8-20］. https://www.afpbb.com/articles/-/3415561)

● **参考译文**

香港故宫文化博物馆展出国宝级文物 人气爆棚

7月3日，聚集中国文化珍宝的香港故宫文化博物馆在遥望维多利亚港的香港西九文化区开业。该博物馆展示了以北京故宫博物院收藏的国宝级文物为代表的诸多文化遗产。作为7月1日香港回归中国25周年的"礼物"，香港故宫文化博物馆连日来吸引很多香港市民来访。

香港故宫文化博物馆的建设灵感汲取了香港城市的建筑精华以及中国传统建筑特点，在7800平方米的展示区设置了9个画廊。本次展览展示了从故宫博物院收藏的186万件海量藏品中精选出的914件。这是自1925年故宫博物院成立以来，规模最大的出境展览。香港故宫文化博物馆主席陈志思高兴地说："(香港故宫文化博物馆)从各方面来说都是史无前例的。"

本次展览展示了从古代到清朝的瓷器、水墨画、金银工艺品、翡翠、刺绣等让人感受到中国悠久历史的文物。其中就包括乾隆皇帝在祭祀时穿的礼服以及皇帝、皇后的肖像画等。

香港故宫文化博物馆原定在回归纪念日的第二天即7月2日开馆，但由于当天天气恶劣，开馆日期推迟一日。很多人穿着在目前在年轻人中很流行的汉服来馆，显得非常醒目。而穿着唐制女子汉服的香港市民陆女士笑着说："果然紫禁城(故宫)的氛围与汉服是绝配啊，下次要和朋友一起穿汉服去。"

香港故宫文化博物馆从6月14日开始，已经发售了14万张门票，7月份的门票已经售罄。今后将定期精选故宫博物院中的经典收藏品来港出展。西

九文化区还设有美术馆和艺术剧场，香港故宫文化博物馆将与周边设施一起成为香港的新地标。

另外，为纪念香港故宫文化博物馆的成立，巴黎卢浮宫美术馆也出借了13件展品，其中包括路易十四的骑马铜像。这里有望在今后成为东西方文化交流的纽带。

● 分析

本文介绍了香港故宫文化博物馆的成立，文中含有中国古代文化相关表达，虽然在翻译时应该不会有太大的难度，但作为积累需要将其中的专有名词进行记忆，在遇到汉译日的情况时可以游刃有余。

● 词语的翻译

文化財：文化财产，文化遗产
ビクトリアハーバー：维多利亚港
インスピレーション：灵感
ギャラリー：画廊
コレクション：收藏，搜集；收藏品
ランドマーク：地标；里程碑
陶磁器（とうじき）：陶瓷制品
水墨画（すいぼくが）：水墨画
金銀細工（きんぎんさいく）：金银首饰，金银工艺品
翡翠：翡翠
刺しゅう：刺绣
祭祀：祭祀
式服：礼服，举行仪式时穿的服装

● 句子的翻译

原文1　香港の都市の洗練さと中国の伝統建築からインスピレーションを受けた建物は、7800平方メートルの展示エリアに9つのギャラリーを配置。故宮博物院が収蔵する186万点の膨大なコレクションから、国家1級文物166点を含め914点を展示している。1925年に故宮博物院が誕生して以来、中国本土以外では最大規模となる。香港故宮文化博物館の陳智思（Bernard Chan）主席は「あらゆる面で前代未聞だ」と喜びの声を上げる。

误译 从香港城市的精华和中国传统建筑中得到灵感的建筑，在7800平方米的展示区配置了9个画廊。而展品则是从故宫博物院收藏的186万件海量藏品中挑选出了914件进行展示。这是自1925年故宫博物院诞生以来，中国本土以外的最大规模。香港故宫文化博物馆主席陈智思高兴地说："所有方面都是前所未闻的。"。

参考译文 香港故宫文化博物馆的建设灵感汲取了香港城市的建筑精华以及中国传统建筑特点，在7800平方米的展示区设置了9个画廊。本次展览展示了从故宫博物院收藏的186万件海量藏品中精选出的914件。这是自1925年故宫博物院诞生以来，规模最大的出境展览。香港故宫文化博物馆主席陈志思高兴地说："（香港故宫文化博物馆）从各方面来说都是史无前例的。"

首先，误译中第一句的主语存在修饰语过长的问题，不符合汉语的表达习惯，充满了翻译腔。其次，"故宫博物院が収蔵する186万点の膨大なコレクションから、国家1級文物166点を含め914点を展示している"的译文中出现了句式杂糅的问题。"展品是……914件"的判断句与"914件……进行展示"混杂在一起，需要修改，只能保留一个句式。另外，对于"中国本土以外では最大規模となる"这样的句子，翻译成"本土外展览"是不合适的，与本文所表达的意义不符。日语的"本土"主要指的是"本国；相对于属国、孤岛而言的主要国土"，从意义上讲与汉语有差别，不能想当然地直接使用日语词汇。

原文2 中国の若者の間で流行している古代の民族衣装「漢服」をまとって来館する人も目立った。宮廷の女性貴族のような衣装を着た香港市民の陸さんは「紫禁城（故宮）の雰囲気はやはり、漢服とマッチします。今度は友達と一緒に漢服で訪れます」と笑顔を浮かべた。

误译 穿着中国年轻人当中流行的汉服来馆的人非常显眼。穿着宫廷女贵族的服装的香港市民陆女士一边说着"故宫的氛围果然和汉服相配，下次和朋友一起穿汉服去参观"，一边浮现出笑容。

参考译文 很多人穿着在目前在年轻人中很流行的"汉服"到馆参观，显得非常醒目。而穿着唐制女子汉服的香港市民陆女士笑着说："紫禁城（故宫）的氛围与汉服真的是绝配啊，下次要和朋友一

起穿汉服去。"

　　这段误译的主要问题集中在语序上，很明显译文受到日语语序的影响，句子的主语上添加了太多的定语，给人一种头重脚轻的感觉。遇到这种情况我们应该适当调整句子的语序，让整个句子平衡起来。另外，要注意翻译的准确性，例如"来馆"明显属于一个日语词汇，在汉语中并不常用，应该予以意译。再比如"やはり"这个副词，如果非要将它翻译成"果然"，则带有翻译腔的生硬感，可以在译文中将其替换成"真的是"。另外，"紫禁城（故宫）の雰囲気はやはり、漢服とマッチします。今度は友達と一緒に漢服で訪れます」と笑顔を浮かべた。"句中省略了谓语，这在日语中是不影响句意的，但在汉语中要将真正的谓语动词"说"翻译出来，而为了让句子更加简洁，推荐直接将"と笑顔を浮かべた"翻译成"笑着说"。

◁ **练习题** ▷

1. 请将以下短文翻译为汉语。
(1) 結合した銅人像は新たに「鳥足曲身頂尊神像」と名付けられた。足は鳥を踏み付け、体は壺（つぼ）の上に手をついて体操選手のようにえび反り状に大きく背中をそらし、頭に長い尊（酒盛器）を載せている。その姿は、当時の祭祀で行われていた重要な儀式を表現している可能性がある。また、頭髪は5本の筋状に後ろに力強く伸びている。三星堆遺跡でこれまでに出土した銅人像は髪を編んだり団子状に束ねたりしており、異なる身分の人を象徴していると考えられる。

(2) 日本の「こどもの日」のルーツでもある端午節で、伝統的に食べるのが粽（ちまき）だ。ちまきはもち米で作り、中に肉や豆、あんを入れる。竹やアシの葉っぱで三角形か長方形にかたどり、草や縄で固定する。こう説明すると「古臭い習慣」のように感じるが、最近の中国では若者もちまきを楽しんでいる。

(3) 展示会では、紀元前の春秋戦国時代から中国初の統一帝国・秦朝とその後の漢朝までの文化財を展示。秦と漢両王朝の兵馬俑36体をはじめ、武器や馬具など計約200点を見ることができる。これまで11体しか見つかっていない将軍俑のうち、日本初公開となる1体が「来日」。高さ196センチもの大きさで、始皇帝に生前つかえた将軍の姿を想像できる。

(4) ギョーザといえば、中国人は見た目や色の異なり、餡（あん）の種類の多い水ギョーザを思い浮かべるが、日本では豚肉の餡焼きギョーザを指すことが多い。ラーメンといえば、中国人はスープの濃淡の異なる手で細長く引き伸ばした牛骨ラーメンを思い浮かべるが、日本ではだしの異なる包丁で切ったラーメンを指すことが多い。マーボー豆腐といえば、中国人が思い浮かべるのは麻辣（マーラー）で塩辛いが、日本のは麻辣の味を薄め、ほかに甘味を加えている。

(5) 手の込んだ福娃が「北京発中国止まり」の感もあったのに比べ、シンプルな氷墩墩は世界に羽ばたいた。北京で行われた二つの五輪は、中国のソフトパワーが変化していることを象徴していた。

第六节　生态环保领域

　　生态环保领域为近年来的热门话题领域，其内容也多与新技术、新现象、新思想相关。我们在翻译的过程中要注重与时俱进，在无法确定准确的相对应的词汇或者目标语言无对应翻译词汇时，要在理解原文所述事物的基础上进行意译，保证翻译的准确度。另外，本领域中的专业术语和专业词汇非常多，在我们无法准确理解并翻译的时候，要善于广泛查阅资料，或借助第三国语言进行准确翻译。

第一篇

●原文

　　パンダがのんびりと竹林を歩き、モウコノウマが草原を疾走し、トラやヒョウが山林で長く鳴き声を上げる。トキが田畑を飛び回り、ゾウの群れが農村で戯れ、スナメリが水面を跳びはねる。山河が再び緑に覆われ、草花が咲き乱れる……これらの映像が目の前に現れると、家族が帰ってきたような温かい気持ちが湧き上がる。その理由は、人類と他の動植物は大自然の産物で、地球という古里を共有しているからではないのか。

　　10月11〜15日、国連生物多様性条約第15回締約国会議（COP15）が雲南省昆明で開催され、グローバルなエコ文明の共同建設やグローバルな生

物多様性保全を国際社会に提唱した。

　開催期間中、中国は締約国の一つとして、エコ文明建設分野での長年の努力や成果を世界に紹介した。習近平国家主席は中国政府の揺るぎない態度、力強い措置、協力の精神を表明した。

　地球生命共同体の構築のため、また美しい世界建設のため、中国と世界は行動している。

　（特別企画 国連生物多様性会議（COP15）で「昆明宣言」30年までに「回復」の目標「地球生命共同体」構築へ［J］．人民中国 2021(11)16-17.）

● **参考译文**

　　熊猫悠然穿梭于竹林，斑马自由疾驰在草原，虎豹振声长啸在山林，朱鹮戏于田间，象群游在村落，江豚跃上水面。山河复绿，花草怒放……这些影像浮现在眼前，心头涌上一股暖意，仿佛看到了亲人回家。为什么会有这种感受？那是因为人类和其他动植物都属于大自然，都共同拥有着地球这个故乡。

　　10月11日至15日，联合国生物多样性公约第15届缔约国会议（COP15）在云南昆明召开，向国际社会提倡共同建设全球生态文明和保护全球生物多样性。

　　会议举办期间，中国作为缔约国之一，向世界介绍了在生态文明建设领域多年的努力和成果。习近平主席表明了中国政府坚定的态度、有力的措施和合作的精神。

　　为了构筑地球生命共同体，为了建设美丽的世界，中国和世界在行动。

● **分析**

　　本文加入了抒情式的表达。前半段带有散文性质的内容，在翻译要注意文字的对称性，总体要给予读者自然的感受；后半段以新闻的方式描述时事，要注意翻译的准确性，如"国連生物多様性条約"的中文正式名称是"联合国生物多样性公约"，"条約"与"公约"，这一字之差便体现出翻译的严谨性和准确性。

● **词语的翻译**

　　トキ：朱鹮

　　スナメリ：江豚

　　グローバル：全球的

湧き上がる：涌上，涌出
エコ文明：生态文明
揺るぎない態度：不可动摇的态度，坚定的态度

◉句子的翻译

原文1 パンダがのんびりと竹林を歩き、モウコノウマが草原を疾走し、トラやヒョウが山林で長く鳴き声を上げる。トキが田畑を飛び回り、ゾウの群れが農村で戯れ、スナメリが水面を跳びはねる。山河が再び緑に覆われ、草花が咲き乱れる……

误译 熊猫悠然自得地在竹林中行走，斑马在草原上奔驰，虎豹在山林中长鸣。朱鹮在田间飞来飞去，大象群在农村嬉戏，江豚在水面上跳跃。山川江河再次被绿色覆盖，花草怒放……

参考译文 熊猫悠然穿梭于竹林，斑马自由疾驰在草原，虎豹振声长啸在山林，朱鹮戏于田间，象群游在村落，江豚跃上水面。山河复绿，花草怒放……

以上误译的译文从内容上看并无错误，但考虑到原文颇有文学色彩，译文就显得有些失色。我们不妨在原有译文基础上进行一些润色，使译文的行文更加优美，读起来也能朗朗上口，能更好地契合原文的表达风格，并提高译文的可读性。

原文2 これらの映像が目の前に現れると、家族が帰ってきたような温かい気持ちが湧き上がる。その理由は、人類と他の動植物は大自然の産物で、地球という古里を共有しているからではないのか。

误译 这些景象浮现在眼前，可以让我们有一种回家的感觉涌上心头。原因是人类和其他动植物不是都有一个共同的故乡吗？

参考译文 这些影像浮现在眼前，心头涌上一股暖意，仿佛看到了亲人回家。为什么会有这种感受？那是因为人类和其他动植物都属于大自然，都共同拥有着地球这个故乡。

本句中出现"その理由は～からではないのか"不能完全顺译，误译中，用于加强语气的"ではないのか"直接译为疑问句，不符合汉语的表达习惯，可译为加强语气、自问自答的设问句。

第二篇

● 原文

「豊かな自然こそが富だ」世界の環境保護をリードする中国

　国連環境計画（UNEP）のインガー・アンダーセン事務局長は、長年にわたる環境保護活動をそう称賛している。中国の国内での環境保護の取り組みと、国際協力に貢献している姿は世界に希望を与えている。

　中国では2009年から2019年にかけ、7130万ヘクタールもの大地で森林を増やし、その期間で森林資源を増やした世界最大の国家となった。また、人工衛星の観測データによると、2000年から2017年にかけて新たに増えた緑地面積のうち25％は中国の国土が占め、中国は世界の緑化に最も貢献した。国連食糧農業機関（FAO）が発表した2020年グローバル森林資源評価報告でも「中国が森林保護と植樹・造林において国際的に大きな貢献をした」と評価している。近年は国連の環境分野で最高表彰となる「地球大賞」や都市の環境改善を図る「国連人間居住賞」などを毎年のように受賞している。

　2012年の中国共産党第18回党大会では「エコロジー文明の建設」が提唱され、経済、政治、文化、社会、エコロジーを「五位一体」として中国の特色ある社会主義を推進していくことが強調された。2017年の第19回党大会ではさらに、環境汚染を防止する取り組みは小康社会（ややゆとりがある社会）を築く「主要決戦場の一つ」として注目された。政府の第13次5か年計画（2016～2020年）において、中国の環境保護政策はさらに強化されている。

　環境保護と貧困解消は二人三脚の関係である。草一本生えない「死の海」といわれた内モンゴル自治区のクブチ砂漠では6000平方キロにわたる緑化作業が行われた結果、生活環境の改善、農牧業・観光業の発展などをもたらし、10万人を超える民衆が貧困から脱出した。全国各地の同様の取り組みにより、300万人以上の貧困層に増収をもたらした。環境保護と経済発展を両立させる「中国の知恵」に、世界の耳目が集まっている。

　国際的な地球温暖化対策の枠組み「パリ協定」を積極的に推進し、発展途上国の気候変動対策を支援する南南協力基金を設立するなど、中国は国際協調においても大国の責任を果たしている。習近平国家主席は9月30日の国連生物多様性サミットで演説し、中国は二酸化炭素の排出を2030年

までにピークアウト（頂点に達し、減少傾向に転じる）し、2060年までにカーボンニュートラル（二酸化炭素の排出量と吸収量を同量にする）の実現を目指すと表明した。英科学誌「ネイチャー」は「中国の計画は、各国が参考するに値する」と評価している。

地球環境保護の道のりは長く、世界の協力が必要だ。中国は今後も「緑水青山こそが金山であり銀山である」の理念に基づき、国際社会で率先して世界の環境改善に取り組んでいく。

(People's Daily.豊かな自然こそが富だ」世界の環境保護をリードする中国 [EB/OL].(2020-11-16) [2022-8-20]. https：//www.afpbb.com/articles/-/3316093)

◉ 参考译文

"丰富的自然才是财富"
——在环境保护中引领世界的中国

联合国环境规划署（UNEP）的英厄安诺生执行主任对中国长年的环境保护活动称赞有加。中国在国内的环境保护措施和为国际合作做出的贡献都给世界带来了希望。

在中国，从2009年到2019年，新增的森林面积达到7130万公顷，中国也由此成为世界上森林资源增长最多的国家。另外，人造卫星的观测数据显示，2000年到2017年新增的绿地面积中25%在中国，中国为世界的绿化做出了突出的贡献。在联合国粮农组织（FAO）发表的"2020年全球森林资源评估报告"中，中国被评为"在森林保护和植树造林方面做出了国际性的巨大贡献"。近年来，中国每年都会获得联合国环境领域的最高表彰——"地球卫士奖"以及旨在改善城市环境的"联合国人居奖"等奖项。

2012年中国共产党第十八次全国代表大会提出"建设生态文明"的目标，强调以经济、政治、文化、社会、生态"五位一体"来推进建设中国特色社会主义。2017年中国共产党第十九次全国代表大会上，把防止环境污染作为构建小康社会的"主要决战场之一"，受到广大群众的瞩目。而在政府的"十三五"规划（2016-2020年）中，也进一步强化了环境保护政策。

环境保护和脱贫是协同进行的关系。在号称寸草不生的"死亡之海"——内蒙古自治区的库布提沙漠中，中国进行了6000平方公里的绿化，从而改善了生态环境，带来了农牧业和观光业的发展，超过10万民众由此摆脱了贫困。全国各地通过采取同样措施，使300万以上的贫困阶层实现了增收。这种环境保护和经济发展两不误的"中国智慧"吸引了全世界的目光。

而在积极推进国际全球变暖对策框架"巴黎协定",以及设立支援发展中国家应对气候变化的南南合作基金等国际协调项目时,中国也承担着大国的责任。习近平主席在9月30日的联合国生物多样性峰会上发表演说,表明中国在2030年二氧化碳的排放将达到峰值(达到顶点、开始减少),到2060年将达成碳中和(二氧化碳的排放量和吸收量等量)的目标。英国科学杂志《自然》评价说"中国的计划值得各国借鉴学习"。

地球环境保护的道路任重道远,实现这一目标需要全世界的协同合作。中国今后也将本着"绿水青山就是金山银山"的理念,在国际社会上带头致力于改善全球环境。

◉ 分析

本段文章为新闻稿,介绍了近年来中国在环保领域上的重要成绩,内容上较为客观且正式,要注意专有名词的准确翻译。其中人名要确定其中文译名的通用性,切不可盲目音译。另外在奖项名称中,如果无法从日语中得到准确的中文翻译,可借助英文寻找准确的中文名称。理论上由于中文是联合国的工作语言,所有有关联合国工作性质的名词都会有准确且正式的中文名称,这一点务必注意。另外,在翻译中国特有的事物时,也要保证和中文的规范用语保持一致。

◉ 词语的翻译

国連環境計画(UNEP):联合国环境规划署

ヘクタール:公顷

国連食糧農業機関(FAO):联合国粮农组织

国連人間居住賞:联合国人居奖

エコロジー:生态学

二人三脚:两人步调一致,共同行动

両立:双方同时成立,可翻译成"两不误"

パリ協定:巴黎协定

南南協力:南南合作

サミット:峰会

カーボンニュートラル:碳中和

英科学誌「ネイチャー」:英国的科学杂志《自然》

第三章 笔译实训（一）

●句子的翻译

原文 　環境保護と貧困解消は二人三脚の関係である。草一本生えない「死の海」といわれた内モンゴル自治区のクブチ砂漠では6000平方キロにわたる緑化作業が行われた結果、生活環境の改善、農牧業・観光業の発展などをもたらし、10万人を超える民衆が貧困から脱出した。全国各地の同様の取り組みにより、300万人以上の貧困層に増収をもたらした。環境保護と経済発展を両立させる「中国の知恵」に、世界の耳目が集まっている。

误译 　环境保护和消除贫困是两人三脚的关系。中国在被称为寸草不生的"死亡之海"的内蒙古自治区的库布提沙漠进行了6000平方公里的绿化工作，结果改善了生活环境，带来了农牧业和观光业的发展，超过10万人的民众摆脱了贫困。通过全国各地的同样措施，给300万以上的贫困阶层带来了增收。让环境保护和经济发展两立的"中国智慧"吸引了全世界的目光。

参考译文 　环境保护和脱贫是协同进行的关系。在号称寸草不生的"死亡之海"——内蒙古自治区的库布提沙漠中，中国进行了6000平方公里的绿化，从而改善了生态环境，带来了农牧业和观光业的发展，超过10万民众由此摆脱了贫困。全国各地通过采取同样措施，使300万以上的贫困阶层实现了增收。这种环境保护和经济发展两不误的"中国智慧"吸引了全世界的目光。

　　误译译文存在以下几个问题。首先是词语的翻译需要结合语境，灵活采取译意的方式。例如"二人三脚"，就是两人三足的一种游戏运动方式。但这一词汇在中文并无引申义，无法像在日语中那样引申为"二人が歩調を合わせ共同で物事を行うことにいう語"（需要两人步调协调一致，比喻需要协同合作）。因此不能直译，只能意译。其次"中国在被称为寸草不生的'死亡之海'的内蒙古自治区的库布提沙漠进行了6000平方公里的绿化工作"，"的"未免太多，主语"中国"与谓语"进行"间隔太远，这些都会给读者带来理解困难，因此需要采取分译的方式，比如我们在第二章中讲过的灵活运用标点符号的方法，分译定语。另外，"通过全国各地的同样措施"应调整语序，或加译动词"采取（同样措施）"。

第三篇

● 原文

滋賀県では約100年ぶりに生息確認

滋賀県ではすでに絶滅したとみられていた淡水に生息するエビがおよそ100年ぶりに確認され、草津市にある琵琶湖博物館で展示されています。

琵琶湖博物館で展示されているのは、体長2センチほどの淡水にすむエビ「ミナミヌマエビ」です。

ミナミヌマエビは西日本の河川や沼などに生息していますが、環境の悪化で数が減少しているとされ、滋賀県では1915年に採集された標本を除いて記録はなく、すでに絶滅したと考えられていました。

しかし、京都大学の研究グループが、3年前から調査を行ったところ、滋賀県内の複数の川でミナミヌマエビが採集され、およそ100年ぶりに生息が確認されました。琵琶湖博物館では、およそ30匹のミナミヌマエビが展示されていて、水槽の中を泳ぎ回ったり、コケなどの餌を食べたりする様子を見ることができます。

博物館の田畑諒一学芸員は「ミナミヌマエビが見つかった場所では、姿がよく似た外来種のエビも見つかっています。貴重な在来の生物が、外来種によって生息を脅かされていることについても目を向けてもらいたい」と話していました。

ミナミヌマエビの展示は5月14日まで行われています。

(NHK NEWS WEB. 滋賀県では約100年ぶりに生息確認 ミナミヌマエビを博物館展示 [Z/OL]．（2023-3-16）[2023-3-18] https：//www3.nhk.or.jp/news/html/20230316/k10014009931000.html)

● 参考译文

滋贺县境内发现绝迹百年生物

在日本滋贺县境内重新发现了已经绝迹百年的一种淡水小虾——多齿新米虾。目前，这种虾正在滋贺县草津市的琵琶湖博物馆进行展出。

多齿新米虾体长2厘米左右，分布在日本西部的河流湖沼等水域。不过，由于生存环境恶化，多齿新米虾的种群数量不断减少。尤其是滋贺县，当地自从1915年最后一次采集到多齿新米虾的标本后，再无发现过这种虾的确切记录，为此，人们一度认为滋贺县内的多齿新米虾已经灭绝。

三年前，京都大学的一个研究小组开始对滋贺县境内的河流展开调查，并在不只一条河流中捕捉到了多齿新米虾。现在，草津市的琵琶湖博物馆正在举办多齿新米虾展。人们可以在那里观赏到大约30只多齿新米虾在水槽中游动和进食青苔等的样子，本次展览预计持续至5月14日。

博物馆策展人田畑谅一说："研究人员在发现多齿新米虾的位置附近，还发现了外形和多齿新米虾高度相似的外来虾。希望大家也能意识到，外来物种正在对我们固有物种的生存构成威胁。"

● 分析

本文是一篇新闻稿，介绍了日本发现了原本被认为已经灭绝的物种——多齿新米虾。由于日语的行文方式和表达习惯与汉语有很大区别，所以我们在日常的翻译过程中不仅要注重句子的流畅度，还要注意句子与段落间的衔接与逻辑，在必要时做出适当调整以符合汉语表达习惯。

● 词语的翻译

生息：生存，生长，生活
ミナミヌマエビ：多齿新米虾
水槽：水箱，蓄水用的容器
餌（え）：饵料，饲料
標本：标本
コケ：苔藓，地衣

● 句子的翻译

原文

滋賀県ではすでに絶滅したとみられていた淡水に生息するエビがおよそ100年ぶりに確認され、草津市にある琵琶湖博物館で展示されています。

琵琶湖博物館で展示されているのは、体長2センチほどの淡水にすむエビ「ミナミヌマエビ」です。

……

しかし、京都大学の研究グループが、3年前から調査を行ったところ、滋賀県内の複数の川でミナミヌマエビが採集され、およそ100年ぶりに生息が確認されました。琵琶湖博物館では、およそ30匹のミナミヌマエビが展示されていて、水槽の中を泳ぎ回ったり、コケなどの餌を食べ

たりする様子を見ることができます。

……

ミナミヌマエビの展示は5月14日まで行われています。

误译

在日本滋贺县境内重新发现了已经绝迹百年的一种淡水小虾。目前，这种虾正在滋贺县草津市的琵琶湖博物馆进行展出。

琵琶湖博物馆中所展示的是一种体长2厘米左右的淡水虾——多齿新米虾。

……

但是从3年前开始，京都大学的一个研究小组对滋贺县境内的河流展开调查，并在多条河流中捕捉到了多齿新米虾，于是确认了这种百年未见的生物仍有存活。现在，草津市的琵琶湖博物馆正在举办多齿新米虾展。人们可以在那里观赏到大约30只多齿新米虾在水槽中游动和进食青苔等的样子。

……

多齿新米虾展预计进行至5月14日。

参考译文

在日本滋贺县境内重新发现了已经绝迹百年的一种淡水小虾——多齿新米虾。目前，这种虾正在滋贺县草津市的琵琶湖博物馆进行展出。

多齿新米虾体长2厘米左右，分布在日本西部的河流湖沼等水域……

三年前，京都大学的一个研究小组开始对滋贺县境内的河流展开调查，并在不只一条河流中捕捉到了多齿新米虾。现在，草津市的琵琶湖博物馆正在举办多齿新米虾展。人们可以在那里观赏到大约30只多齿新米虾在水槽中游动和进食青苔等的样子，本次展览预计持续至5月14日。

误译例文很明显采用了对译的方式，对日语原文中出现的内容做了忠实的翻译。这样做虽然毫无遗漏地译出了原文中的所有内容，但从译文的行文来看却并不符合汉语的语言习惯。在本篇例文中，这种问题并不是调整个别句子的结构就可以解决的，而是需要进行整篇文章范围内的结构调整。例如原文第二段"琵琶湖博物館で展示されているのは、体長2センチほどの淡水にすむエビ「ミナミヌマエビ」です"，虽然在日语表达中是很正常的，但如果按照这样的结构译为中文则会显得语言冗余不精练。正确的办法是把这段内容拆分为两部分，分别插入到第一段和第三段中，将这一段突兀的内容糅合到前后文中，更符合汉语的逻辑。同样的问题还出现在文章最后一段的"ミナミヌマエビの展示は5月14日まで行われています"，如果按照此结构

把这个内容放置在文末，会给读者造成一种文章未结束的错觉，也有必要进行调整。

◀ **练习题** ▶

1. 请将以下短文翻译为汉语。

(1) 地面に敷設した送電コイルから自動車下部の受電コイルへケーブルやプラグを使わずに電力を供給する仕組みだ。既存の駐車スペースを活用できる上、ドライバーは車から降りて重いケーブルを持って充電する手間もなくなる。中国政府は「新エネルギー車産業の発展計画（2021～2035年）」の中で、「高出力充電・ワイヤレス充電などの新技術の開発を強める」と明記している。

(2) 五輪会場の一つ、張家口市に設置された風力発電所は、シンガポール1か国分に相当する1400万キロワットの設備容量を誇る。大会中に使用している車両の85％は電気または水素を動力源としている。北京冬季五輪はあらゆる形でCO_2の排出を実質ゼロにする「カーボンニュートラル」を目指し、新しい形の五輪モデルを提示した。

(3) 現在、中国は二酸化炭素排出量が急増する局面を基本的に終了させており、温室効果ガスの排出を効果的にコントロールしている。白書によると、中国の2020年の二酸化炭素排出量は、2015年と比べて18.8ポイント少なく、2005年と比べて48.4ポイントも減少している。国際社会に承諾した40％～45％の目標を上回っている。エネルギー構造の観点から見ると、中国の非化石エネルギーは、2020年にはエネルギー消費量の15.9％を占め、2005年と比べて8.5ポイント上昇し、石炭消費への依存度は大幅に低下している。

(4) 川の生き物にとって禁漁措置の効果が表れたが、密猟などの懸念は残る。コロナ禍でも経済成長を維持している中国では国内の消費市場は拡大する一方で、長江の珍味のニーズは高い。長江流域の自治体も密猟を最も警戒しており、取り締まりを強化している。

(5) 中国政府は2014年に風力発電の固定価格買い取り制度を導入し、確実に「もうかる」ビジネスになったことも、建設ラッシュに拍車を掛けている。政府の補助金は2019年から減少し、2021年末で

廃止される方針だが、技術革新やスケールメリットにより発電のコストは低減していくとみられる。再生可能エネルギーを拡大する流れに乗り、洋上風力発電の今後は「順風」とみられる。

第七节　体育领域

体育已成为现代生活的重要组成部分。随着经济全球化的不断发展，世界各国之间经济文化交流日益频繁，体育交流对于促进两国关系的友好发展起着不可替代的重要作用。与此同时，作为体育交流工具的体育术语及其翻译也逐渐受到人们的重视。

体育术语是指传播体育信息的专有词汇，主要包括体育赛事名称、体育技术名称、体育场馆及人名绰号等领域。

以下是一些常见的体育运动词汇。

1. スポーツの言葉　体育运动词汇

日语	汉语	日语	汉语
オリンピック	奥运会	敗者復活戦	双淘汰赛，安慰赛
アジア競技大会	亚运会	優勝	冠军
ユニバーシアード	国际大学生运动会	準優勝	亚军
ワールドカップ	世界杯	引分	平局
トーナメント	淘汰赛	選手	选手，运动员
リーグ	循环赛	補欠	替补队员
選手権	锦标赛	主将	队长
予選	预赛	コーチ	教练
準決勝	半决赛	監督	领队，总教练
決勝	决赛	応援団	啦啦队

2. ボール　球类

日语	汉语	日语	汉语
サッカー	足球	ハンドボール	手球
バドミントン	羽毛球	ホッケー	曲棍球

续表

日语	汉语	日语	汉语
ゴルフ	高尔夫球	卓球	乒乓球
ラグビー	橄榄球	バスケットボール	篮球
バレーボール	排球	テニス	网球
ビーチバレーボール	沙滩排球		

3. 水泳　游泳

日语	汉语	日语	汉语
自由形	自由泳	個人メドレー	混合泳
背泳ぎ	仰泳	シンクロナイズドスイミング	花样游泳
平泳ぎ	蛙泳	飛び込み	跳水
バタフライ	蝶泳		

4. 陸上競技　田径

日语	汉语	日语	汉语
競走	赛跑	走り幅跳び	跳远
競歩	竞走	三段跳び	三级跳远
ハードル	跨栏	砲丸投げ	铅球
リレー	接力赛	円盤投げ	铁饼
十種競技	十项全能	槍投げ	标枪
走り高跳び	跳高	ハンマー投げ	链球
棒高跳び	撑杆跳	マラソン	马拉松

5. 体操　体操

日语	汉语	日语	汉语
団体総合	团体赛	段違い平行棒	高低杠
個人総合	个人赛	平均台	平衡木

续表

日语	汉语	日语	汉语
ゆか運動	自由体操	新体操	艺术体操
鞍馬	鞍马	トランポリン	蹦床
つり輪	吊环	平行棒	双杠
跳馬	跳马	鉄棒	单杠

6. そのほか　其他

日语	汉语	日语	汉语
テコンドー	跆拳道	アーチェリー	射箭
柔道	柔道	ボクシング	拳击
空手	空手道	馬術	马术
近代五種	现代五项	フェンシング	击剑
ボード	赛艇	セーリング	帆船
トライアスロン	铁人三项	射撃	射击
カヌー	皮划艇	ウエイトリフティング	举重

要翻译体育文本，就必须了解体育行业的专业词汇和句式特点。体育翻译涉及的句式比较独特，一般采用祈使句、陈述句、省略句等短小精炼的句型，句式为"主-谓-宾"结构，简单明了，非常口语化，只有很少情况会采用长句，且通常较少使用形容词和副词。在翻译时，我们应当优先采用"意译"的方式，在忠于原文的基础上进行翻译。

第一篇

●原文

女子バレーボールのW杯女子大会最終日は6日、名古屋市のガイシプラザなどで行われ、今大会での五輪出場権獲得を逃した日本は中国に1－3で敗れ、7勝4敗の勝ち点22で5位に終わった。中国が10勝1敗の同30で3大会ぶり4度目の優勝を果たし、同じ10勝の2位セルビアまでが五輪切符を獲得した。

日本は0－1の第2セットを長岡（久光製薬）や古賀（NEC）のスパイクで25－22と奪ったが、その後は高さとパワーで上回る中国に2セットを奪わ

れた。

　セルビアはアルゼンチンに競り勝って勝ち点26。米国はドミニカ共和国を下して9勝2敗で3位、ロシアが4位となった。日本は来年5月の世界最終予選兼アジア予選で五輪出場を目指す。

　◆バレーボールW杯　国際バレーボール連盟（FIVB）が主催する国際大会。4年に1度、日本で開催される。五輪、世界選手権とともに世界3大大会とされる。今年の大会の上位2チームにはリオデジャネイロ五輪出場権が与えられる。

◉参考译文

　　昨日，第12届女排世界杯最后一场比赛在名古屋的NGK体育广场落下帷幕。这场比赛里，日本1∶3不敌中国，失去2016年里约奥运会直通权，最终以7胜4败22分的战绩排名第五。中国队最终以10胜1败30分的战绩在时隔三届的大会上第四次斩获冠军，与同样10胜且排名第二位的塞尔维亚队一同直通2016年里约奥运。

　　日本队在0∶1失利情况下，凭借长冈（久光制药）和古贺（NEC）的扣球以25∶22拿下第二局。但此后，日本队被身高和力量都占优势的中国队连扳两局。

　　塞尔维亚在与阿根廷激烈交战后获胜，总积分26分。美国拿下多米尼加共和国后以9胜2败的战绩排名第三，俄罗斯排名第四。日本为征战奥运，将备战明年5月的奥运资格赛暨亚洲区预选赛。

　　◆女排世界杯是国际排球联合会（FIVB）主办的国际赛事，每四年在日本举办一次，与奥运会、世界锦标赛并称为世界三大赛。本届比赛的前两名球队将获得直通2016年里约热内卢奥运会的资格。

◉词语的翻译

女子バレーボールのW杯：女排世界杯

セルビア：塞尔维亚

スパイク：扣杀

セット：（网球、排球等比赛的）一局

アルゼンチン：阿根廷

ドミニカ共和国：多米尼加共和国

国際バレーボール連盟：国际排球联合会

五輪：奥运会

世界選手権：世界锦标赛
リオデジャネイロ：里约热内卢

● **句子的翻译**

原文 女子バレーボールのＷ杯女子大会最終日は6日、名古屋市のガイシプラザなどで行われ、今大会での五輪出場権獲得を逃した日本は中国に1－3で敗れ、7勝4敗の勝ち点22で5位に終わった。

误译 昨日，第12届女排"Ｗ杯"女子大赛最后一天，在名古屋的NGK体育广场落下帷幕，这场比赛里，日本以1：3不敌中国，失去2016年里约奥运会直通权，最终以7胜4败22分的战绩排名第五。

参考译文 昨日，第12届女排世界杯大赛最后一个比赛日在名古屋的NGK体育广场落下帷幕，这场比赛里，日本不敌中国，以1：3的成绩失去2016年里约奥运会直通权，最终以7胜4败22分的战绩排名第五。

首先，在原文中出现了带有英文字母的词语，很明显这是一个赛事的名称，在翻译时不能按照英文字母本身的发音来读取，而要翻译成字母所代表的意思，即"世界杯"。因此，在翻译体育赛事名称的时候，要注意名称的对等。

"女子バレーボールのＷ杯女子大会"当中出现了两次"女子"，如果将这里的两个"女子"都一一翻译出来，就略显啰唆。所以，为了避免重复，在翻译时可将后一个"女子"省略，译为"女排世界杯大赛"。"最終日"虽然原意为"最后一天"，但是在翻译体育类文本时，译为"最后一个比赛日"更符合体育文本的表达。

第二篇

● **原文**

中国・北京市で開催されている世界陸上は29日、男子400メートルリレーの決勝が行われた。「世界最速の男」ウサイン・ボルトを擁するジャマイカが優勝し、4連覇を達成した。ボルトは100メートル、200メートルに続く今大会3個目の金メダルを手にした。

2位でゴールしたのは米国だったが、第4走者へのバトンミスでもたつき、リレーゾーンをはみ出した後での受け渡しとなったため失格となった。中国が繰り上がりで銀メダルを手にして、アジアチームが世界陸上でこの種目の最高成績をぬりかえた。

● 参考译文

29日，正在中国北京市举行的世界田径锦标赛进行了男子400米接力决赛。拥有"世界速度最快男子"尤赛恩·博尔特的牙买加队荣获冠军，实现该项目四连冠。这是博尔特在本届世锦赛上继100米、200米夺冠之后拿下的第三枚金牌。

在男子400米接力项目中，尽管美国以第二名的成绩冲过终点，但他们因在第三四棒交接时已不在接力区内，而被取消了成绩。中国队排名因此上升，荣获银牌，刷新了亚洲队伍在世锦赛这一项目上的最好成绩。

● 词语的翻译

世界陸上：世界田径锦标赛
リレー：接力赛跑
ウサイン・ボルト：尤赛恩·博尔特
ジャマイカ：牙买加
連覇：连续(取得)冠军
バトン：接力棒
ゾーン：区域
ぬりかえる：刷新

● 句子的翻译

原文　中国が繰り上がりで銀メダルを手にして、アジアチームが世界陸上でこの種目の最高成績をぬりかえた。

误译　中国队提前获得银牌，亚洲队在世界田径项目上刷新了这个项目的最高成绩。

参考译文　中国队排名上升，荣获银牌，刷新了亚洲队伍在世锦赛上这一项目的最好成绩。

刷新最高成绩的是中国队，而不是亚洲队，"アジアチーム"是后半句的主语，是指亚洲的队伍在世界田径赛上这一项目的成绩。误译之所以会出现

这样的误译，是因为没有将原文中的句子成分分析清楚。

◁ 练习题 ▷

1. 请将下列段落翻译为汉语。
(1) 2002年の日韓大会以来の優勝を目指すブラジル代表はラウンド8まで駒を進めた。グループステージでカメルーンに敗れる波乱もあったが、ラウンド16では韓国相手に4-1の快勝を収めており、問題なく優勝候補の筆頭といえる。

　　そんなブラジルで注目されるのは豪華な攻撃陣だ。負傷でガブリエウ・ジェズスがチームから離れてしまったが、それでもリシャルリソンやネイマール、ヴィニシウス・ジュニオールとタレントが揃っている。リシャルリソンはここまで3ゴールと得点力の高さを見せつけている。

(2) イタリアが1-1からのPK戦を4-2で制してスペインを下し、2大会ぶりの決勝進出を決めた。

　　先制したのはイタリア。後半15分、GKドンナルンマの素早いスローインからのロングカウンターパス2本でゴール前に迫り、ペナルティーエリア左からFWキエーザが鮮やかに右足で決めた。しかし、同35分、FWダニエルモレノとのワンツーからFWモラタが左足で押し込んでスペインが同点に追いついた。1-1のまま90分を終え、延長戦でもスコアは動かずPK戦に突入。1番手のイタリアMFロカテッリがGKシモンに止められ、スペインもダニエルモレノが枠を外した。その後はイタリアは2番手から4番手まで成功。スペインも3番手まで成功したが、4番手のモラタのキックをGKドンナルンマがセーブし3-2とイタリアがリード。最後は5番手のMFジョルジーニョがゴール右へ決め4-2で制した。

　　11日に行われる決勝では2度目の制覇を目指しイングランド-デンマークの勝者と対戦する。

第四章 笔译实训(二)

第一节 致辞类

　　礼仪致辞是指人们在社交场合用来表示礼节以维系和发展人与人之间、人与组织群体之间、组织与组织之间相互关系的文书,主要包括开幕辞、欢迎辞、欢送辞等等。

　　开幕辞是政府部门、社会团体、企事业单位的领导人在一些大型会议或活动开始时,由会议主持人或主要领导人所作的开宗明义的讲话,具有宣告性、提示性和指导性。开幕辞由首部、正文和结束语三部分组成,篇幅通常简洁明了、短小精悍,语言偏口语化。因此在翻译的时候,要选用短小精悍、简明扼要的语言。此外,还需注意使用开幕辞的常用句型。

第一篇

●原文

日本現代書道展覧会の中国での開催を祝う

　ご来場の皆様

　　本日ここ西安市文化宮におきまして、わが奈良市と中国西安市の友好都市提携20周年を記念する「日本現代書道展覧会」が盛大に開催されますことを心より嬉しく存じます。本展覧会は、西安市対外友好協力会および西安市書道協会のお招きにより、また関係各位のひとかたならぬご尽力により、開催される運びとなった次第でございます。このことに対してまず心から感謝の意を表したいと思います。

◉ 参考译文

祝贺日本现代书法展在中国举办的致辞

在座的各位朋友：

为纪念我们奈良市同中国西安市结为友好城市20周年，今天在西安市文化宫隆重举行"日本现代书法展览会"，我感到非常高兴。这次展览会，是受西安市对外友好协会和西安市书法协会的盛情邀请，在有关单位各位人士的大力协助之下举行的。我对此表示衷心的感谢。

◉ 词语的翻译

日本現代書道展覧会：日本现代书法展览会
友好都市：友好城市
西安市対外友好協力会：西安市对外友好协会

◉ 句子的翻译

致辞类文章在翻译时不必逐字逐句直译，而应尽量译出其独特之处。日语致辞起始处对听者的称呼形式一般较为固定。常用的有"尊敬する××""ご来場の皆様""ご列席の皆様"，这里的"皆様"就会有多种不同的翻译，例如"各位先生们、女士们""各位朋友们"，在翻译时要根据不同的场合、对象选择恰当的称呼并使用用尊敬的表达方式。

在日语致辞中表示"受到邀请、招待"的说法有"ごちそうになりまして""ごちそう/お招き/おもてなし/ご供応/ご招待をうけまして/にあずかりまして/をいただきまして/をたもりまして"，这些句子都可以翻译成"承蒙……邀请"。

另外表达"承蒙协助"的说法也都是固定措辞，例如"ご協力/ご支援/ご援助/お力添え/ご支持により/に預かり/をいただき/をたもり/のおかげで"。同样，这些表达也可以翻译成"承蒙……协助"。

以下这些句子也是致辞中常用来表达谢意的句式，"（どうも、ほんとに）ありがとうございます/ました。""（誠に）感謝にたえません。""（心から）感謝の意を表します。""（衷心より）感謝お礼を申しあげます。""お礼の言葉もございません。"在翻译此类句子时也都可以采用"衷心感谢"等类似的表达方式。

原文1 本日ここ西安市文化宮におきまして、わが奈良市と中国西安市の友好都市提携20周年を記念する「日本現代書道展覧会」

が盛大に開催されますことを心より嬉しく存じます。

误译 我们很高兴今天在西安市文化宫隆重举行纪念我国奈良市和中国西安市成为友好城市20周年的"日本现代书法展览会"。

参考译文 为纪念我们奈良市同中国西安市结为友好城市20周年，今天在西安市文化宫隆重举行"日本现代书法展览会"，我感到非常高兴。

这是日语中典型的长定语句。日汉语法结构不同，汉语句中一般不用结构复杂的长定语，如果把日语的定语一律照样译成汉语句子，不仅读起来拗口，听起来也令人费解。在这句话中，"日本現代書道展覧会"前有较长的定语，如果按照原结构翻译，则会译成"纪念我国奈良市和中国西安市成为友好城市20周年的'日本现代书法展览会'"，读起来就不顺口。为了明确表达句子的意思，在不改变原文意思的前提下，我们可以将定语拆分，作为一个独立的叙述部分译出。

原文2 本展覧会は、西安市対外友好協力会および西安市書道協会のお招きにより、また関係各位のひとかたならぬご尽力により、開催される運びとなった次第でございます。

误译 本次展览会是受西安市对外友好合作会及西安市书法协会的邀请，以及相关人士的大力支持而举办的情况。

参考译文 本次展览会应西安市对外友好协会及西安市书法协会的邀请，并在各位相关人士的大力协助下举办的。

误译中将"協力"直接翻译成了"合作"，所以"西安市対外友好協力会"这个词就翻译成了"西安市对外友好合作会"，但是在汉语中并没有"合作会"这一说法，"西安市対外友好協力会"作为固有名词，汉语中也有相应的说法——"西安市对外友好协会"。

另外，原文中的"次第"在这里的含义是"因为前者的原因，演变成……的结果"，为了更符合汉语的表达习惯，可采用减译法，略去不翻译，使译文更加简洁明了。

第二篇

● **原文**

新入社員歓迎会

（幹事の挨拶）

皆様方、お忙しいところをお集まりいただき幹事としてお礼申しあげます。

本日は渡辺さんを歓迎いたしまして、ほんのささやかではございますが、宴を開きました。

今回新しく我々の仲間となりました渡辺さんは××大学の出身で、入社試験の成績も抜群であったとのことであります。まあ、人事の××部長の言葉を鵜呑みにすればですが。

渡辺さん、冗談はさておき、どうか一日も早く我々の仲間としてとけこんでいただきたいと願っています。この歓迎会はその意志表示であります。時間の許す限りおおいに飲み、語合って、今後に備えていただきたく存じます。

それでは渡辺さんを歓迎して××からご挨拶をお願い致します。

● **参考译文**

新职员欢迎会

（主持人讲话）

大家在百忙之中能够汇聚到此，我作为主持人深表感谢。

今天，为欢迎渡边君的加入，我们设下了薄宴，不成敬意。

新加入我们行列的渡边君是××大学的毕业生，他进入公司的考试成绩也是非常突出的。嘿，这可是人事部××部长的原话。

渡边君，闲话暂且不谈，我希望你能早日成为我们这个团体中的一员，这也是此次欢迎会的目的之所在。今天，让我们开怀畅饮，促膝长谈，为今后的合作打下良好的基础。

下面请××致欢迎辞。

● **词语的翻译**

抜群：出众

さておき：暂且不谈

● **句子的翻译**

在日语致辞中，主持人经常会使用一些表达谢意的会议开场白。例如"お忙しい中お越し頂きましてありがとうございます。""ご多忙中、足を運んで頂き、ありがとうございました。"这些句子都可以翻译成"大家在百忙之中……，对此表示由衷的感谢。"之类的句式。

原文 時間の許す限りおおいに飲み、語合って、今後に備えていただきたく存じます。

误译 在时间允许的前提下，让我们畅饮交谈，为今后做好准备。

参考译文 今天，让我们开怀畅饮，促膝长谈，为今后的合作打下良好的基础。

"時間の許す限り"如果直译是"在时间允许的前提下"，这个词体现了日本人把"时间"看得比"交际"更重。但在此处若选择直译势必会影响宴会的气氛，不利于突出致辞的主题。在这种情况下，翻译的时候要有所变通，可以将此句略去不翻译。

第三篇

● **原文**

ご来賓の皆様、ご来場の皆様、こんにちは。

本日は「桜祭りin上海2013」開幕式にご出席いただきありがとうございます。今回の活動は日中平和友好条約締結35周年を記念し、日中両国民の相互理解と友好をさらに深め、日本の観光、食品、文化の魅力を中国の皆様にお伝えするために開催するものです。

私は以前、日中交流を白楽天の詩にうたわれる強い生命力を持った野草にたとえたことがあります。日中の国民の間の友好交流を願う努力は一時の野火に焼けつくされることはなく、春風の到来とともに草はらの野草が再び芽吹くように活発となる、というものです。では、日本でその春風の到来を告げるものと言えば何かと言えば、それは桜の開花なのです。

今年は日本でも中国でも例年より早い桜の開花が見られます。私にはこれが日中両国の国民が、両国関係における早い春の訪れを待ち望んでいる希望の表れだと思えます。桜の一枚の花びらはとても薄く、はかないものです。しかし、その一枚一枚が5枚でひとつの花に、そして数千、数

万の花がひとつの木を成すように、我々国民の一人一人の小さな交流の種が大きく国と国の関係を成すようになってもらいたいと思います。

今回の展示会は、日本の伝統文化の美、日本各地の美、食の美を皆様にご紹介することを目的に様々な角度からの日本が発見できると思います。しかし、私たち中国に住む日本人が毎日中国の魅力を発見しているのと同様、多くの中国の皆様に日本を訪れていただきたいと思います。まさに「百聞は一見に如かず」と言われるように、ご自分の目、耳、そして心で日本の魅力を存分に味わっていただければと思います。そのような日本への訪問のきっかけを今回の「桜祭りin上海2013」がもたらすように、心から祈念しております。ありがとうございました。

● **参考译文**

各位来宾，各位朋友：

大家好。

非常感谢各位在百忙之中出席今天的"2013上海樱花节"开幕式。我们举办这次活动是为了纪念中日和平友好条约缔结35周年，进一步加深中日两国国民之间的相互理解与友好，向中国朋友们传递日本旅游观光、食品、文化的魅力。

我曾经将中日交流比喻为白居易诗中所歌颂的生命力顽强的野草。中日两国人民之间为友好交流所付出的努力，就像是草原上的野草那样，不会被野火烧尽，随着春风的到来，野草又会重新焕发出新的活力。而在日本，樱花的盛开就是向人们宣告春天的来临。

今年，无论是在日本还是在中国，樱花都比往年提早盛开。我感觉这象征着中日两国的国民迫切地希望两国关系能尽早迎来春天。樱花的每一枚花瓣都非常小而轻薄，但是每五枚花瓣便可组成一朵花，成千上万朵花便形成了一株美丽的樱花树。同样，我们每一个人都是相互交流的小的种子，总有一天能结出国与国之间友好关系的硕果。

这次活动的目的是向大家介绍日本传统文化之美、各地风光之美、食物之美，大家可以从各式各样的角度不断发现日本的魅力。俗话说"百闻不如一见"，就像我们这些在中国生活工作的日本人每天都能发现中国的魅力一样，我们也希望有更多的中国朋友能亲自去日本探访，用自己的眼睛、耳朵和心灵去真真切切地感受日本的魅力。我衷心盼望这次的"2013上海樱花节"活动能成为大家赴日探访的契机。谢谢大家。

● **词语的翻译**

日中平和友好条約：中日和平友好条约

百聞は一見に如かず：百闻不如一见

● **句子的翻译**

原文 1　私は以前、日中交流を白楽天の詩にうたわれる強い生命力を持った野草にたとえたことがあります。

误译　我以前把日中交流比作白乐天诗中所歌颂的具有强大生命力的野草。

参考译文　我曾经将中日交流比喻为白居易诗中所歌颂的生命力顽强的野草。

在翻译人名时，大多数情况下都是将日语汉字与中文汉字进行互换。但这个句子中直接将"白楽天"翻译成"白乐天"，虽然符合人名翻译的规则，但此处翻译成中国读者更熟知的诗人姓名"白居易"更加合适。

原文 2　では、日本でその春風の到来を告げるものと言えば何かと言えば、それは桜の開花なのです。

误译　那么，要说在日本宣告春风到来的是什么，那就是樱花的开花。

参考译文　在日本，樱花的盛开就是向人们宣告春天的来临。

误译译文从翻译的完整度来说没有问题，原文的意思也基本表达清楚了。但是结合前后文，这里的"春風"实际表达的是"春天"的意思，所以采用意译的方式，翻译成"宣告春天的到来"更合适。

第四篇

● **原文**

橋本聖子会長「日本へようこそ、ようこそ東京へ」挨拶（抜粋）

天皇陛下のご臨席を仰ぎ、ここに、東京2020オリンピック競技大会の開会を迎えるにあたり、ご挨拶を申し上げます。IOCバッハ会長はじめ、委員の皆さま、各国からご列席賜りましたご来賓の皆さま、この開会式をご覧になっている世界の皆さま、日本へようこそ、ようこそ東京へ。心から歓迎申し上げます。

東京大会は、オリンピック史上初の延期という大きなチャレンジの中

で、本日、開幕します。多くの方々の手によって、一つ一つ、希望が繋がれ、今日この日を迎えました。

世界中がコロナ禍の厳しい状況にある中、医療従事者の皆さまをはじめ、この困難を乗り越えようと日々尽力されている全ての方々へ、敬意と感謝を申し上げます。

そして、この大会の開催を受け入れていただいた日本の皆さま、開催実現のために、ともにご尽力をいただいたIOC、日本国政府、東京都、関係者の皆さま、ありがとうございます。

振り返れば、東京にオリンピックを迎えようとしていた10年前、東日本大震災によって、私たち日本人は大きな困難と、深い苦しみの中にありました。立ち上がり、前に進む力も失いかけていました。その時、世界中の方々が手を差し伸べてくださいました。「さあ、共に前に進もう」と。

今、あれから10年が経ち、私たちは、復興しつつある日本の姿を、ここにお見せすることができます。改めて、全ての方々に感謝申し上げます。

●参考译文

欢迎来日本，欢迎来东京
——东京奥运会开幕式桥本主席致辞(节选)

承蒙天皇陛下莅临，我们迎来了2020东京奥运会的正式开幕，谨以致辞。尊敬的巴赫主席、各位奥委会委员、远道而来出席开幕式的来宾们、以及正在收看开幕式的全球观众们，我由衷地欢迎你们来到日本，来到东京！

在经历了奥运史上首次延期这一重大挑战之后，东京奥运会于今日开幕。大家手牵手，联结希望，今天终于迎来了这一天。

全世界面临着新冠疫情的严峻挑战，我谨向医疗工作人员及克服重重困难日日尽力而为的所有人士，致以敬意与感谢！

我还要感谢支持本届奥运会的日本民众，以及为举办本届奥运会而共同努力的国际奥委会、日本政府、东京都和所有相关人士，谢谢你们！

回顾十年前东京申办奥运会时，东日本大地震让日本民众陷入巨大困境与深切的悲伤之中，甚至失去了振作起来的希望。那时，世界各地的人们伸出援助之手，鼓励我们勇往直前！

十年后的今天，我们在这里让大家看到正在复兴的日本，再次感谢大家的帮助！

● **词语的翻译**
医療従事者：医务工作者
IOC：国际奥委会

● **句子的翻译**

原文 橋本聖子会長「日本へようこそ、ようこそ東京へ」挨拶
误译1 桥本圣子会长《欢迎来到日本，欢迎来到东京》致辞

汉语中书名号是用来表示文章、刊物、报纸、电影、电视、音乐等各类作品的名称，不可用于致辞的名称。而且，日文原文中使用的是日语中的引号，并不是书名号所以在翻译时也应该对应使用汉语的引号。

误译2 桥本圣子会长"欢迎大家光临日本，来到东京"致辞

首先，"欢迎光临"是一个礼貌用语，用来表达对对方到来的一种热情尊重的感情。欢迎客人，适用于多种场合，如自己家里来客人、宾馆的迎宾，以及向客人发出邀请时。而在东京奥运会开幕式上的致辞中，将"日本へようこそ"翻译成"欢迎光临日本"显然不合适，"へようこそ"表示"欢迎来到……（地方）"，此处翻译成"欢迎来到日本"即可。另外，在原文中"日本へようこそ、ようこそ東京へ"是两句字数相同、句式相似的口号，所以在译成汉语时最好也译成句式相似的句子，"欢迎来日本，欢迎来东京"。

◁ **练习题** ▷

1. 请将下列致辞翻译为汉语。
(1) 春節を祝う全ての皆様、日本で活躍されている華僑・華人の皆様に、謹んでご挨拶申し上げます。

　　過去一年、我々は引き続き新型コロナウイルスに立ち向かう厳しい日々が続く中、戦争の惨禍も目の当たりにしました。新しい年は何よりも平和であり、全ての人々が正常な生活を取り戻せる年となることを願っています。

　　新しい年はまた、全ての人々が平和な環境の下、穏やかな心で未来に希望を託せる年であることを望みます。そのために、日本は国際社会と協力し、普遍的価値に立脚した国際的規範や原則の維持強化を推進していきます。困難に直面した時の古人の智恵に学び、着実に、時には一気に進んでいきましょう。

どんな困難も皆が共に歩めば必ず乗り越えられます。

兎年の本年が皆様にとって佳き年となりますように。

(2)皆さんこんにちは。

在上海日本国総領事の小原雅博です。

日本の総領事として、皆さんのように若く、中国の将来を担う方々が、日本や日本の文化にも興味を持ち、日本語を学んでくれていることを非常に嬉しく思います。

皆さんも「百聞は一見に如かず」という諺をご存じだと思います。国内であっても、国外であっても、その土地を訪れ、その街の雰囲気を感じ、そこで生活する人々と触れ合うと、今まで自分が抱いてきた印象やそれに対する感情が大きく変わることがあると思います。私自身も長い間中国で学び、働き、多くの友人ができていく中で、中国に対する愛着が強くなってきました。皆さんには、日本語の勉強に加えて、日本を観光したり、日本人との直接の交流を通じて、真の日本の姿をより深く理解し、日中の架け橋になってほしいと願っています。

当館も、日中両国の様々な人々と協力し、両国の国民が触れ合い、理解を深めることができる機会をより多く提供できるよう、様々な広報文化イベントを定期的に開催しています。当館ホームページに事前告知や結果報告などを掲載していますので、是非ご覧ください。

最後になりますが、皆様のご健勝とご健康をお祈りいたします。

第二节　商务信函类

随着全球经济一体化的发展，中日贸易往来也与日俱增，商务信函作为中日贸易交流中的一种非常重要的交流载体，越来越受到重视。商务信函的翻译也随之成为一种常见而普遍的翻译工作内容。

商务信函根据用途大致可分为两种：以服务活动为主的对外贸易商务函件；以增进客户关系为目的的社交礼仪信函。

商务信函类文章行文简洁，用语凝练，并且有专业术语和固定格式。此外，商务信函涉及贸易双方的经济利益，一旦误译或者漏译会给双方带来一定的经济损失。因此，商务信函的翻译要求不同于一般书信的翻译要求，译者必须用词规范准确，表达简单明了，使用专业术语和缩略语，保证文体郑重而礼貌。

虽然中日信函类的文章特点大致相同，但是格式、用语等方面还是有不同之处，翻译过程中应多加注意，译成与目标语言相对应的信函形式。

中文信函的署名写在日期前，而日语信函则一般将署名写在日期之后。另外，日语信函在开头问候之后，一般会加入寒暄语，且寒暄语中多与季节相关，不同月份有不同的寒暄语。以下是日语商务信函会用到的各个月份的寒暄语及对应的中文翻译。

一月

1. 新春の候/值此新春之际
2. 新春のお喜びを申し上げます/祝您新春愉快
3. 日ごとに寒さがつのって参りますが/在这日渐寒冷之时

二月

1. 余寒の候/在这春寒料峭之时
2. 梅の便りも聞かれる今日この頃ですが/在这寒梅初开的日子里
3. 梅のつぼみもふくらみ陽だまりに春を感じる今日この頃/在这梅花含苞待放，愈感春日回暖的时节

三月

1. 早春の候/在这初春时节
2. 桜の開花が待れるこの頃/在这静待樱花开放的时候
3. 春光うららかな季節となりましたが/已经到了这春光明媚的时节
4. ようやく春めいてまいりましたが/终于到了这春天即将来临的时节

四月

1. 陽春の候/阳春时节
2. 桜前線が足早やに北上して/在这樱花前线迅速北移的时候
3. 春たけなわの季節となりましたが/已经到了春日益盛的季节
4. 花だよりが聞れる季節となりましたが/已经是频闻花讯的季节了

五月

1. 晩春の候/在这暮春时节
2. 風薫る季節/在这熏风送香的季节
3. 風薫るさわやかな季節となりましたが/已经到了这清风送爽的季节

4. 若葉が目にまぶしい季節となりましたが/已经到了满眼新绿的季节

六月

1. 麦秋の候/麦收时节
2. 梅雨冷えの折/时值梅雨乍寒之际
3. 紫陽花の花が美しい季節となりましたが/已经到了绣球花满开的季节

七月

1. 盛夏の候/在这盛夏之际
2. 猛暑のみぎり/时值酷热之际
3. 暑中お見舞い申し上げます/时值暑期，谨致问候
4. 梅雨明けが待ち遠しいこの頃ですが/在这急切盼望着梅雨停歇的日子里

八月

1. 晩夏の候/在这晩夏时节
2. 残暑厳しき折/在这暑气依然旺盛之际
3. 残暑お見舞い申し上げます/时值处暑，谨致问候
4. 暑さは峠を越したものの/最热之时已经过去

九月

1. 初秋の候/在这初秋之时
2. 虫の声が賑やかなこの頃/在这虫声鼎沸之时
3. 朝夕は涼しくなってまいりましたが/已经到了早晚日益凉爽的时候

十月

1. 新秋の候/在这金秋时节
2. 紅葉のみぎり/在这红叶满开的时节
3. 野山が秋色に染まる頃となりましたが/已经到了山野遍染秋色的时候

十一月

1. 晩秋の候/在这暮秋时节
2. 向寒のみぎり/时值天气日渐转冷之际
3. 初霧の便りが聞れる今日この頃でございますが/已经到了雾气渐起的日子

十二月

1. 初冬の候/在这初冬之时
2. 木枯の吹きさぶ季節を迎むかえ/迎来了寒风肆虐的季节

3. 師走すを向かえますますご多忙のことと存じますが/虽然知道已经是越来越忙的12月份

第一篇

●原文

拝啓

　新緑の候、貴社ますますご清栄のこととお喜び申し上げます。毎々格別のご愛顧を賜り厚くお礼申し上げます。

　さて、さきにご請求いたしました品代金、金××万円、××月××日お振込みとのご連絡をいただきましたが、本日3時の確認では未だに××銀行××支店弊社口座に入金されておりません。

　諸般の事情があろうかとは存じますが、今一度、お手続きにつきご確認賜りたくお願い申し上げます。

　まずは用件のみ申し上げます。

敬具

××年××月××日

××商事株式会社

●参考译文

敬启者：

　草木吐翠时节，恭贺贵公司生意日益兴盛。素日承蒙格外照顾，谨表深厚谢意。

　贵公司应支付的货款共计××万日元，据告已于××月××日汇出，但截至今日3点经我方核实尚未汇入敝公司在××银行××分行的账户。

　或许贵公司事务繁忙，烦请费神加以核实。

　特此函询。

谨启

××商事株式会社

××年××月××日

●句子的翻译

原文　さて、さきにご請求いたしました品代金、金××万円、××

月××日お振込みとのご連絡をいただきましたが、本日3時の確認では未だに××銀行××支店弊社口座に入金されておりません。

误译 那么，刚才请求的货款××万日元，××月××日汇款的联系，今天3点确认到现在还没有汇入××银行××支行本公司的账户。

参考译文 贵公司应支付的货款共计××万日元，据告已于××月××日汇出，但截至今日3点经我方核实尚未汇入敝公司在××银行××分行的账户。

误译译文将"さて"译为了"那么"。在日语信函中经常使用"さて""ところで""ついては""実は"等接续词引入正文，在翻译成汉语时，这些词可省略不译出。

另外，原文中"さきに"本意是"刚才"的意思，但并不是说写信人就是在刚才才向对方提出货款事宜，而是指双方以前已经就货款事宜达成协商，所以这里翻译成"刚才"显然不合适，可以省略不译。"ご請求いたしました"翻译成了"请求"，这一说法不够准确。日语"請求"一词有"请求、索取、要求"的意思，"请求"是"下级对上级提出要求，希望得到满足"的意思，而在原文中并不存在上下级关系，译为"要求"更符合原文逻辑。

误译译文中"××月××日汇款的联系"其实是一个病句，"汇款的联系"是什么联系呢？这让读者难以理解。"連絡"一词除了有"联系、联络"的意思外，还有"通知、通报"的意思，根据上下文的逻辑关系，原文想表达的意思是"收到了××月××日货款转入的消息"，因此，应将"連絡"译为"通知、通报"更为恰当。在汉语中，也有与"弊社"一词相对应的自谦式表达，翻译成"敝公司"比"本公司"更为恰当。

此外，日语信函结尾部分常用的惯用语句，例如"まずは、商品未着のご照会まで""まずは、取り急ぎご照会まで""まずは、ご照会まで"等，翻译成汉语时可译成"特此函询""特此通告""特此通知"等。

第二篇

●原文

拝啓

日頃格別のご高配を賜り厚くお礼申し上げます。

さて、先に注文の品、本日到着しましたが、100ケースの注文に対し、

80ケースしか届いておりません。本件の品20ケース不足につき、原因をご調査のうえ不足分を大至急ご送付下さいますようお願い申し上げます。

敬具
××年××月××日
××商事株式会社

◉参考译文

敬启者：

素蒙格外关怀，深表谢意。

敝公司订购之商品，今日已经到货。但是订购了100箱商品只到货80箱，还缺少20箱。烦请从速核查此事，补足所缺部分。

谨启
××商事株式会社
××年××月××日

◉句子的翻译

原文 本件の品20ケース不足につき、原因をご調査のうえ不足分を大至急ご送付下さいますようお願い申し上げます。

误译 由于本件商品不足20件，请调查原因后尽快发送不足部分。

参考译文 还缺少20箱。烦请从速核查此事，补足所缺部分。

"本件"不能翻译成字面的"本件"，这个词语的意思是"本案、这件事"，这里指的是订购的商品。结合前文，为了避免重复，这里可以采用减译的方法，略去不译。另外，误译译文将"20ケース不足"翻译成了"不足20件"，同样结合前文可知他们订购了100箱却只到货80箱，缺少了20箱，并不是"不足20件"的意思。在翻译商务信函类文本时，一定要注意翻译的准确性，否则会引起贸易双方的误会，造成利益上的损失。

第三篇

◉原文

拝啓

格別のお引き立てを賜り厚くお礼申し上げます。

このたびは、弊社商品をお買い上げいただきありがとうございます。

さて、××月××日付き注文書第××号につき、本日該当商品を発送いたしましたので、商品御受領の上で確認賜りますようお願い申し上げます。

　また、お手数ながら、同封の物品受領書にご捺印の上御返送くださいますようお願い申し上げます。

敬具

同封　　納品書、物品受領書　　各一通

××年××月××日
××商事株式会社

● 参考译文

敬启者：

素日承蒙贵公司格外照顾，谨表深厚的谢意。

贵公司这次购买敝公司的商品，敝公司甚为感谢。

贵公司××月××日第××号定购单所购买的商品，已于本日发出，敬请查收后加以确认。另请费神在随函寄去之货物收据上签字盖章后寄回为盼。

谨启

附件：交货单、货物收据各一份。

××商事株式会社
××年××月××日

● 词语的翻译

注文書：订货单

捺印：盖章

物品受領書：货物收据

納品書：交货单

● 句子的翻译

　日文商务信函一般都是由正文前的寒暄语写起，一般使用惯用语。例如："貴社ますますご繁昌のこととお喜び申し上げます。平素は格別のお引き立てを賜り、厚く御礼申し上げます。" "貴社いよいよ隆盛の趣、大慶に存じ上げます。平素は格別のお引き立てを賜り、厚く御礼申し上げます。"这些句子在翻译成汉语时，都可译成"恭贺贵公司日益繁荣。素日承蒙贵公司格外照顾，谨表深厚的谢意。"

第四篇

● 原文

拝啓

　貴社ますますご清栄のこととお喜び申し上げます。毎々格別のお引き立てにあずかり厚くお礼申し上げます。

　さて、皆様すでにご存知のように、海外の情勢不安に起因して、原材料費の値上がりがはなはだしく、弊社といたしましては、値上がり分を吸収すべく鋭意努力いたしてまいりましたが、弊社製品に占める原材料の価格割合は60％と高率であるため、これ以上どうにも吸収困難な状況となりました。

　つきましては、まことに心苦しく勝手ではございますが、来る××月出荷分より価格改定いたしたく、よろしくご了承のほどお願い申し上げます。

　今後は、社員一同お客さまの身になってサービスに努めますので、上記事情ご理解いただき、変わらぬご支援を賜りたく、お願い申し上げます。

敬具

同封　　新価格表一部

以上
××年××月××日
××商事株式会社

● 参考译文

敬启者：

　　恭贺贵公司事业日益昌盛。

　　众所周知，由于国外形势不稳定，原材料费用大幅度上涨。敝公司竭尽全力试图消除费用上涨所带来的不利影响，但因为原材料的价格占敝公司产品成本的60％，所以无法完全消除原材料费用上涨所带来的不利影响。

　　关于此事，敝公司深感抱歉。从××月起，敝公司发货时将开始更改定价，敬请谅解。

　　今后，敝公司全体职员将会设身处地为客户服务，关于更改定价一事还望谅解，盼一如既往给予支持。

谨启

附录：新价格表一份。

××商事株式会社
××年××月××日

● 句子的翻译

原文1　さて、皆様すでにご存知のように、海外の情勢不安に起因して、原材料費の値上がりがはなはだしく、弊社といたしましては、値上がり分を吸収すべく鋭意努力いたしてまいりましたが、弊社製品に占める原材料の価格割合は60％と高率であるため、これ以上どうにも吸収困難な状況となりました。

误译　众所周知，由于海外形势的不安，原材料费上涨很严重，本公司一直在努力吸收价格上涨的部分，但原材料占本公司产品的价格比例却高达60％，难以进一步吸收。

参考译文　众所周知，由于国外形势不稳定，原材料费用大幅度上涨。敝公司竭尽全力试图消除费用上涨所带来的不利影响，但因为原材料的价格占敝公司产品成本的60％，所以无法完全消除原材料费用上涨所带来的不利影响。

误译译文将原文的"不安"直接翻译成了"不安"。"不安"在汉语中表示一种忐忑，心里有一种不舒服的情绪，多用于表示一个人干了错事后害怕被人发现的心理，显然"海外形势的不安"搭配不当，结合原文，这里翻译成"不安定、不稳定"更加恰当。

"吸收"一词虽然在汉语中有"物体使某些现象、作用减弱或消失"的意思，但"努力吸收价格上涨的部分"和"难以进一步吸收"这两句表达属于词语搭配不当，不符合汉语的表达习惯。结合原文，这里的"吸收"表达的是消除价格上涨带来的影响之意。

原文2　つきましては、まことに心苦しく勝手ではございますが、来る××月出荷分より価格改定いたしたく、よろしくご了承のほどお願い申し上げます。

误译　我实在是太任性了，从××月份发货的价格开始修改，请您谅解。

参考译文　关于此事，敝公司深感抱歉。从××月起，敝公司发货时将开始更改定价，敬请谅解。

"勝手"一词根据具体的场合可有多种译法。比如：
○勝手の悪い家。／居住不方便的房子。
○私はこの辺の勝手がよくわからない。／我不大了解这一带的情况。
○勝手仕事をする。／干厨房的活儿。
○君の勝手にしろ。／随你的便吧。

在句中"勝手"的意思是"任意，随便"，是指写信人即将修改价格，但直接翻译成"我实在是太任性了"显然不妥，不符合书信的表达习惯。按照日本人的生活习惯，将这种个人行为带来的影响翻译成"非常抱歉"这类的致歉语会更加合适。

第五篇

● **原文**

急啓

本日午前11時電話でご連絡しましたとおり、貴社より弊社指定倉庫の富士倉庫へ搬入されたカーペット「デュクロン」の2000m^2のうち40m^2に黒いしみが付着しているのを今朝10時過ぎに発見しました。

しみは、機械油状のもので、直径4～6cmから20cmぐらいまで各種、一枚につき数箇所に付着しています。無論、事故品のカーペットは、商品として通用しません。

弊社は、これらカーペットを近日中に丸福デパートその他に納入のため、搬入を依頼しましたので、取引先に迷惑がかからないよう、至急事故品に替えて正常な品をお送り願います。

併せて、今後このような事故が二度と起きないよう、原因究明と善後処置を徹底的に行なっていただきたいと存じます。まずは取り急ぎ要用のみ。

不一

××年××月××日

×××日本支社

● **参考译文**

敬启者：

今天上午11点已通过电话向贵公司说明了此事。上午10点多，我们发现由贵公司向敝公司指定仓库富士仓库运送的2000m^2"迪克隆"地毯中，有40m^2黏附了黑色污垢。

污垢为机械油状物，直径 4cm 至 20cm 不等，每一张地毯均有数处这样的污垢。毋庸置疑，这种受损地毯无法出售。

敝公司要在近日将这批地毯交付丸福百货商场及其他商场并已委托好运输公司，望贵公司能立即发送合格的替代品以避免给这些客户带来不便。

同时，希望贵公司彻底查明原因并做好妥善处理，杜绝今后再发生类似事故的可能。

匆匆

××日本分社

××年××月××日

◉ **词语的翻译**

カーペット： 地毯

デュクロン： 迪克隆

丸福デパート： 丸福百货商场

◉ **句子的翻译**

原文　しみは、機械油状のもので、直径4～6cmから20cmぐらいまで各種、一枚につき数箇所に付着しています。無論、事故品のカーペットは、商品として通用しません。

误译　污点是机械油状的，直径从4～6cm到20cm左右，每一枚附着在几个地方。当然，事故品的地毯作为商品是不通用的。

参考译文　污垢为机械油状物，直径4cm至20cm不等，每一张地毯均有数处这样的污垢。毋庸置疑，这种受损地毯无法出售。

"一枚"在日语中是用来描述扁平物品的量词，而在汉语中地毯的量词使用"张"或者"块"。译文"每一枚附着在几个地方"也不符合原文，不是地毯附着在其他地方，而是每张地毯都附着了几处油污。另外，汉语中没有"事故品"一词，结合原文，这里指的是受损地毯。在翻译"通用する"时要根据上下文的意思。

○切符の通用期間は3日までだ。／车票的有效期到三号。

○通用門／便门，常走的门。

○人民銀行の紙幣は全国に通用する。／人民银行的纸币全国通用。

结合上例，原文"商品として通用しません"应译成"无法作为商品出售"。

≪ 练习题 ≫

1. 请翻译下列信函。
(1)
急啓

貴社と平成XX年2月10日付で契約しました『生産・納品債権管理システム』の開発が、契約による納入完了予定日の『平成xx年10月1日』を過ぎ本日に至っても完了しておりません。

ソフト開発に係る貴社との契約をペースに、当社は、従来使用中であった『TPシステム95』の返却を予定する一方、新規にYMN関連機械とその基木ソフトの導入・設置を行ない、業務移行待機体制をとりました。ところが、貴社開発の再三にわたる思いがけない遅延により、やむを得ず旧機器MOPの再リースを行なわざるを得ないこととなりました。

当社としては、機器YMNのシステム開発の着手金・設計料のほか、契約残金の支払いを完了したにもかかわらず、再リース料の支払いに加えて、下期から予定していた電算化計画自体が実施できない状況となっております。

ついては、この間の及び今後の、契約によるシステムの開発・検収・納入完了までの当社損失に係る補償について、先日口頭をもって申し入れましたが、この度確認かたがた本書面をもって当方の考えをお伝えしますので、改めて何分の貴意を得たく存じます。

草々
××年××月××日
××販売株式会社

(2)
急啓

昨年貴社から輸入した商品の中では、品質が悪く、破損、品不足、さらに偽者が混入している現象が屢発生しております。特に今年3月に広州で荷揚げされた200トンは、検査したところ、契約で規程した標準にかなったものが一袋もありませんでした。これでは当公司は到底受け取ることができませんので、全数返送せざるをえません。

この品質問題に対し、広州商品検験局では直ちに検査証明が発行されましたので、クレームの証拠として添付いたします。当方としては、JM235号契約の第9条に基づいて貴社の責任問題を追及し、賠償請求を申

し出なければなりませんが、今後は二度と同様な事件のないようご保証ください。

草々
××販売株式会社
××年××月××日

第三节　科普类

　　科普类的文章涉及的学科范围较广，内容较为新颖，知识更新较快，专业性强，专业词汇和新词较多。正如我国科普翻译理论著名学者郭建中先生在其《科普翻译的标准和译者的修养》一文中所指出的一样："科普著作（科普作品或科普读物）具有科学性、文学性、通俗性和趣味性。"针对科普类文章的这些特点，在翻译的时候，首先应注意储备相应的专业知识，其次，要注意准确把握专业词汇和固定表达。此外，在确保译文的科学性和准确性的同时，考虑到科普文的阅读对象，译文还要尽量生动、活泼，兼具趣味性。

第一篇

◉原文

動物のサイズと時間

　　動物の動きを見てみると、ネズミはちょこまかしているし、ゾウはゆっくりと足を運んでいく。

　　体のサイズと時間との間に、何か関係があるのではないかと、古来、いろいろな人が調べてきた。例えば、心臓がドキン、ドキンと打つ時間間隔を、ネズミで計り、ネコで計り、イヌで計り、ウマで計り、ゾウで計り、と計測して、おのおのの動物の体重と時間との関係を求めてみたのである。サイズを体重で表すのは、体重なら、秤にぽいと乗せればすぐ量れるが、体長でサイズを表すと、しっぽは計測値に入れるのか、背伸びした長さか丸まったときの長さかなどと、難しい問題がいろいろ出てくるからだ。

　　いろいろな哺乳類で体重と時間とをはかってみると、こんな関係が浮かび上がってきた。時間は体重の4分の1乗に比例する。

4分の1乗というのは、体重が16倍になると時間が2倍になるという計算で、体重が16倍なら時間も16倍という単純な比例とは違い、体重の増え方に比べれば時間の長くなり方はずっと緩やかだ。

　ずっと緩やかではあるが、体重とともに時間は長くなっていく。つまり大きな動物ほど、何をするにも時間がかかるということだ。動物が違うと、時間の流れる速度が違ってくるものらしい。例えば体重が10倍になると、時間は1.8倍になる。時間が倍近くかかるのだから、これは動物にとって無視できない問題である。

　この4分の1乗則は、時間がかかわっているいろいろな現象に非常に広く当てはまる。例えば動物の一生にかかわるものでは、寿命をはじめとして、大人のサイズに成長するまでの時間、性的に成熟するのに要する時間、赤ん坊が母親の胎内にとどまっている時間など、すべてこの4分の1乗則に従う。

　日常の活動の時間も、やはり体重の4分の1乗に比例する。息をする時間間隔、心臓が打つ間隔、腸が一回じわっと蠕動する時間、血が体内を一巡する時間、体外から入った異物を再び体外へと除去するのに要する時間、たんぱく質が合成されてから壊されるまでの時間、等等。

　生物の時間をこんなふうにとらえられるかもしれない。心臓の鼓動間隔は繰り返しの時間間隔である。息を出し入れする時間も腸が打つ時間もそうだ。血液内に入った異物を外に排出する時間にしても、血液の循環時間と関係するだろう。寿命にしても、個体にとっては一回限りのものではあるが、種として眺めれば、生まれて死に、また生まれて死にという、繰り返しの単位の時間である。生物においては、この時間の繰り返しの速度が、体重によって変わる。一回転して戻ってくる時間が、大きいものほど長くかかり、小さいものはくるくるとすばやく回転している。

　私たちは、ふつう、時計を使って時間を計る。あの、歯車と振り子の組み合わさった機械が、コチコチと時を刻み出し、時は万物を平等に、非情に駆り立てていくと、私たちは考えている。

　ところがそうでもないらしい。ゾウにはゾウの時間、イヌにはイヌの時間、ネコにはネコの時間、そして、ネズミにはネズミの時間と、それぞれ体のサイズに応じて、違う時間の単位があることを、生物学は教えてくれる。生物におけるこのような時間を、物理的な時間と区別して、生理的時間と呼ぶ。

　こんな計算をした人がいる。時間に関係のある現象がすべて体重の4分

の1乗に比率するのなら、どれでもいいから二つ、時間に関係するものを組み合わせて割り算をすると、体重によらない数が出てくる。例えば、息を吸って吐いて、吸って吐いて、という繰り返しの間隔の時間を心臓の鼓動の間隔時間で割ってやると、息を一回スーッと吸ってハーッと吐く間に、心臓は4回ドキンドキンと打つことがわかる。これは哺乳類ならサイズに寄らず、みんなそうだ。寿命を心臓の鼓動時間で割ってみよう。そうすると、哺乳類ではどの動物でも、一生の間に心臓は20億回打つという計算になる。

寿命を呼吸する時間で割れば、一生の間に約5億回、息をスーハーと繰り返すと計算できる。これも哺乳類なら、体のサイズによらず、ほぼ同じ値となる。物理的時間で計れば、ゾウはネズミより、ずっと長生きである。ネズミは数年しか生きないが、ゾウは100年近い寿命を持つ。しかし、もし心臓の拍動を時計として考えるならば、ゾウもネズミも全く同じ長さだけ生きて死ぬことになるだろう。小さい動物では、体内で起こるよろずの現象のテンポが速いのだから、物理的な寿命が短いといったって、一生を生ききった感覚は、存外ゾウもネズミも変わらないのではないか。

時間とは、最も基本的な概念である。自分の時計は何にでも当てはまると、何気なく信じ込んで暮らしてきた。そういう常識を覆してくれるのが、サイズの生物学である。

(选自『新しい国語3』東京書籍)

● 参考译文

动物的大小与时间

观察动物的动作可以看到，老鼠的动作总是匆匆忙忙的，而大象则是慢吞吞地移动它的脚步。

身体的大小和单位时间之间，是不是有什么联系，自古以来就有很多人在寻找这个答案。例如，分别测量老鼠、猫、狗、马和大象的心脏跳动时间间隔，并进行计算，以此来探求各种动物的体重与单位时间之间的关系。为什么用体重来表示动物的大小呢？这是因为只要把动物放到磅秤上就能简单测量出体重，而如果用身体长度来表示大小的话，就会出现很多难以解决的问题，例如是否要把尾巴也一起测进去、身体伸展开时和蜷缩起来时的长度差异等。

在测试了很多哺乳类动物的体重和单位时间之后，这样一种内在联系慢慢浮现了出来——单位时间是与体重的$\frac{1}{4}$次方成正比的。

所谓的$\frac{1}{4}$次方，指的就是当体重增加到 16 倍时，单位时间只增加到 2 倍，这与体重和单位时间同步增长 16 倍的情况不同，与体重增长的速度相比，单位时间变长的速度要缓慢得多。

虽然非常缓慢，但是单位时间是会随着体重增加而慢慢变长的。也就是说，体型较大的动物，不管做什么都要花更多的时间。而且，不同的动物种类，其认知的时间流逝速度似乎也不尽相同。例如，当体重增长到 10 倍时，时间变为 1.8 倍，接近原来时间的 2 倍。这对于动物来说，可是一个无法忽视的问题。

这种$\frac{1}{4}$次方的法则，广泛适用于许多与时间有关的现象。例如动物的寿命长短、长至成年所需要的时间、胎儿在母体内需要停留的时间等，这些都遵循着"$\frac{1}{4}$次方"法则。

日常的活动时间也是与体重的$\frac{1}{4}$次方成正比的，例如呼吸的时间间隔、心脏跳动的间隔、肠子缓缓蠕动的时间、血液在体内循环一周的时间、从体外进入的异物被再度排出体外所需的时间、蛋白质从生成到被破坏所需的时间，等等。

生物的时间也许可以这样理解：心脏的跳动周期是不断重复，呼吸的节律、肠子蠕动的时间也是一样的，即使是进入血液中的异物被排出的时间，也是与血液循环时间相关联的。拿寿命来说，虽说对每个个体而言都只有一次，但是放大到物种来看，生生死死，周而复始，个体的寿命只是不断重复的单位时间。在生物界中，这种单位时间的重复周期的长度，根据体重不同而有所差异。物种体型越大，循环一周所需的时间就越长，而体型较小的物种的循环速度也更快。

我们平常都用钟表来表示时间。这种由齿轮和钟摆所组成的机械，嘀嗒嘀嗒展示着时间的流逝。我们都认为，时间总是平等而又无情地驱使着世间万物。

但是事实似乎并非如此。生物学告诉我们，大象有大象的时间，狗有狗的时间，猫有猫的时间，老鼠也有老鼠的时间，根据动物不同的体型大小分别有着不同的单位时间。我们把生物学上的这种时间概念与物理学上的时间

区别开来，称之为生理时间。

　　有人在进行这样的计算。因为与时间有关的现象都与体重的 $\frac{1}{4}$ 次方成正比，所以任选两项与生理时间相关的数值进行除法计算，就可以得到与生理时间相关的比值。例如，将反复吸气吐气的间隔除以心脏跳动的间隔就可以知道，在每一次呼吸生理的时间里，心脏能咚咚地跳动四下。这一点哺乳类动物都是相同的，跟体型大小无关。将寿命除以心脏每次跳动的时间，可以计算出哺乳类动物一生中心脏跳动的次数都是二十亿次。再用寿命除以呼吸所需的时间，可以计算出一生中大约有五亿次呼和吸的重复过程。这一点哺乳类动物也是大致相同的，与体型的大小并不相关。

　　如果用物理学意义上的时间来计算，大象要比老鼠的寿命长得多。老鼠只能存活几年的时间，而大象却拥有将近一百年的寿命。但是，假设用该物种心脏跳动的生理时间作为单位来计算，那么老鼠和大象在死去之前几乎可以存活一样长的时间。体型小的动物体内发生的所有现象的节奏都比较快，所以"物理"寿命较短。但是出人意料的是，完整过完一生的感觉，对于大象或是老鼠来说却是没什么分别的。

　　时间是最基本的概念。我们在生活中下意识地相信自己的时钟能适用于所有事情。而推翻这种所谓常识的，正是与体型大小的相关生物学。

◉ **词语的翻译**

サイズ：大小，尺寸
ちょこまか：匆匆忙忙
乗：次方
おのおの：分别，各自
じわっと：缓缓地
歯車：齿轮
非情：无情
よろず：一切的，所有的
存外：出人意料

◉ **句子的翻译**

原文　動物の動きを見てみると、ネズミはちょこまかしているし、ゾウはゆっくりと足を運んでいく。

误译 看了动物的动作，老鼠匆匆忙忙，大象慢慢地走。

参考译文 观察动物的动作可以看到，老鼠的动作总是匆匆忙忙的，而大象则是慢吞吞地移动它的脚步。

首先，"見る"一词在汉语中有"看、观看、查看"等多种意思，但结合科普文的语境及文体，这里用"观察"这一义项更合适。其次，"と足を運んでいく"前的"ゆっくり"是一个拟声拟态词，通常形容"慢慢地、不着急地、充分地、舒适地"模样，翻译成"大象慢慢地走"基本表达出了原文的意思，但考虑到科普文的阅读对象，翻译成"慢吞吞地移动脚步"就明显更生动活泼，动物的形象特征跃然纸上。

原文2 4分の1乗というのは、体重が16倍になると時間が2倍になるという計算で、体重が16倍なら時間も16倍という単純な比例とは違い、体重の増え方に比べれば時間の長くなり方はずっと緩やかだ。

误译 所谓$\frac{1}{4}$次方，是指体重增加16倍，时间增加2倍，与体重增加16倍，时间也增加16倍的简单比例不同，与体重增加的方式相比，时间的延长要缓慢得多。

参考译文 所谓的$\frac{1}{4}$次方，指的就是当体重增加到16倍时，单位时间只增加到2倍，这与体重和单位时间同步增长16倍的情况不同，与体重增长的速度相比，单位时间变长的速度要缓慢得多。

科普文章中经常会出现数词、序数词，以及分数与倍数等。在译成汉语时一般都可以对应译出，但有些词与汉语表达习惯不同，需要特别注意。例如倍数的翻译，日语中的"倍数＋に（と）なる"表示增加到几倍，或成为几倍。"になる"和"となる"的意思都是"成为"。"に"和"と"都是结果补语，所以要译成"到""为""是"等，实际上是包括该数自身一倍在内的，翻译的时候如果不注意到这一点，就很容易直接译为"增加了×倍"或"增加×倍"。句中的"体重が16倍になる"实际指的是增加到16倍，而不是增加了16倍。一字之差，实际的数据相距甚远，因此我们要注意倍数的译法，确保译文的严谨和准确。

原文3 時間とは、最も基本的な概念である。自分の時計は何にでも当てはまると、何気なく信じ込んで暮らしてきた。

误译 时间是最基本的概念。自己的时钟能适用于所有事情，在生活中无意识地相信这一点。

参考译文 时间是最基本的概念。我们在生活中下意识地相信自己的时钟能适用于所有事情。而推翻这种所谓常识的，正是与体型大小相关的生物学。

日语中习惯将一些句子成分省略，如宾语、动作的主体等，但翻译成汉语时，有时却必须把它找出并翻译出来，否则就会句意不明，造成理解的困难。"何気なく信じ込んで暮らしてきた"，到底是谁下意识地相信呢？如果直译过来，不加主语，在汉语中是不通顺的，也难以理解，所以此处应将主语"我们"补充出来。

第二篇

● 原文

サンゴ礁の秘密

一

サンゴは、ポリプというイソギンチャクのような軟らかい部分と、石灰質の硬い骨格部分とからできている動物です。ほとんどのサンゴはポリプが多数集まり、群れをなして生活しています。サンゴの骨格は、たくさんのポリプが共同生活するためのものなのです。

つい3百年ほど前まで、人々の多くは、サンゴを植物の一種だと思っていたようです。海中に木のように生え、枝があり、ポリプがまるで花のように開いているのを見れば、植物と間違えるのも無理はありません。しかし、ヨーロッパで博物学が盛んになり、研究が進むにつれて、サンゴが動物であるということがわかってきたのです。

サンゴは、普通、大きく二つに分けられます。

一つは、サンゴと呼ばれる岩礁を作ることのできる「造礁サンゴ」です。もう一つは、「非造礁サンゴ」と呼ばれるものです。これには、体がもろすぎたり、柔らかすぎたりして、サンゴ礁という礁を作ることのできないサンゴや、深海にある宝石サンゴなどが含まれます。

さて、造礁サンゴですが、すべての造礁サンゴの体内には、「褐虫藻」と呼ばれる、動物とも植物ともつかない小さな海藻の仲間が共生しています。それに対して、非造礁サンゴの体内には褐虫藻はすんでいませ

ん。造礁サンゴは、この褐虫藻を体内にすまわせてやる代わりに、褐虫藻の作り出す養分を吸収し、また、褐虫藻が吐き出す酸素をもらって、どんどん、石灰質の骨格を作っています。造礁サンゴと褐虫藻が互いに欠くことのできないパートナーなのです。そのため、造礁サンゴは非造礁サンゴに比べて非常に成長が速いのです。

二

　サンゴ礁とは、さまざまな種類の造礁サンゴが集まり、死んだサンゴの上に新しいサンゴが次々に積み重なってできたものです。したがって、そうした造礁サンゴの石灰質の骨格が作られたり、成長したりするためには、まず褐虫藻の十分な光合成を助ける日光、つまり、太陽光線が必要となります。こうしたことから、日差しの強い熱帯の、透明度の高い海中では、太陽光線の届く、水深六、七十メートルにまで、造礁サンゴが成育します。逆に、海水が濁っているところや、日差しの弱い高緯度の海域では造礁サンゴの成育は、水深数メートルまでです。

　それでは、太陽光線が十分に得られるところであれば、どこの海にでも造礁サンゴが成育し、サンゴ礁が発達するかというと、必ずしもそうではありません。では、どのような場所にサンゴ礁ができるかを考えてみましょう。

　ダーウィンの生物進化論が生まれたことで有名なガラパゴス諸島は、赤道直下にあり、その上、乾燥した気候のため、太陽が雲に隠れることがめったにありません。まさに常夏の島で、十分すぎるほどの太陽光線が得られ、海面温度は20度を超えます。ところが、ガラパゴス諸島の海に潜ると、火成岩の上にちょこんと付着しているといった程度のサンゴはありますが、次々に積み重なってできた「礁」といえるほどのものはほとんど見当たりません。これはなぜかというと、ガラパゴス諸島には南氷洋から冷たい海流が流れてくるため、水深10メートルくらいに下がると、いくら太陽光線があっても、先に述べた褐虫藻の活動が鈍り、サンゴが十分に石灰質を作れなくなるからです。

　サンゴ礁は、普通、冬の最低海水温度が18度以上のところに形成されます。また、「礁」にはなりませんが、16度程度のところにまで造礁サンゴが成育しています。

　サンゴ礁の形成には、もう一つ、海水の塩分濃度が関係しているようです。例えば、沖縄にはサンゴ礁が発達しているのに、赤道直下のアマゾン川河口付近にサンゴ礁はありません。また、世界最大のサンゴ礁で

あるグレート・バリアリーフも、オーストラリア大陸から数十キロメートルも離れた沖合にあります。

　河川から多量の淡水が流れこんでいるところでは、海水の塩分濃度が低くなり、そうしたところは造礁サンゴの成育に適していません。また、河口は多量の泥を運んできます。そのため、水の透明度が極端に低くなり、十分に太陽光線が海底にまで届かなくなります。それに、たとえ、造礁サンゴの成育が始まっても、沈殿する泥がポリプを覆って呼吸を困難にさせてしまうのです。

　では、海水の塩分濃度が高ければ高いほどよいのかといえば、必ずしもそうではありません。ある種のサンゴが紅海の奥などの塩分濃度の高いところに成育しているという例外はありますが、普通、濃すぎる塩分もサンゴの成育を難しくし、サンゴ礁の形成の妨げになっているようです。

（选自『現代の国語2』三省堂）

● 参考译文

珊瑚礁的秘密

一

　　珊瑚是由叫作珊瑚虫的海葵状柔软部分和石灰质的坚硬骨骼部分构成的。在大部分的珊瑚里都有珊瑚虫大量聚集，以群落的方式生活。众多珊瑚虫依靠珊瑚的骨骼共同生活。

　　距今大约三百年前，大多数人还都认为珊瑚是植物的一种。因为珊瑚在海里像树木一样生长，有枝杈，仿佛像花朵一样开放，从这些方面来看，错把它当成植物也毫不奇怪。但随着博物学在欧洲的不断发展和研究的逐步深入，人们开始了解到珊瑚原来是动物。

　　珊瑚一般分为两大类。

　　一种是能形成被称为珊瑚礁的岩礁的"造礁珊瑚"。另一种则被称为"非造礁珊瑚"。非造礁珊瑚包括身体质地很脆或是很柔软、不能形成珊瑚礁的珊瑚，以及生长在深海的宝石珊瑚。

　　我们再来说说造礁珊瑚。在所有的造礁珊瑚体内，都有一种被称为"虫黄藻"的小海藻，它们与珊瑚共生，既非动物也非植物。而在非造礁珊瑚体内却没有这种虫黄藻。虫黄藻寄居在造礁珊瑚体内，珊瑚吸收它们所产生的养分，同时也获得它们吐出的氧气，从而不断地形成石灰质的骨骼。造礁珊瑚和虫黄藻是一对互不可缺的搭档。也正是因为这样，造礁珊瑚比非造礁珊瑚的生

长速度要快得多。

二

　　珊瑚礁就是各种不同种类的造礁珊瑚聚集在一起，死去的珊瑚身上又不断堆积上新的珊瑚而形成的。因此，为了造礁珊瑚的石灰质骨骼的形成和生长，最需要的就是能让虫黄藻充分进行光合作用的光线，也就是阳光。正因为这个原因，在日照强烈、透明度较高的热带海水中，在阳光能照射到的六七十米深处，造礁珊瑚也能生长。相反，在海水较混浊或是日照较弱的高纬度海域，造礁珊瑚就只能生长在水下几米深的地方。

　　那么，是不是说只要能得到充分的阳光照射，不论在哪个海域，造礁珊瑚都能生长，并且都能形成珊瑚礁呢？情况并非如此。让我们来想想到底在什么样的地方才能形成珊瑚礁。

　　因促使达尔文进化论诞生而闻名的加拉帕戈斯群岛位于赤道上，岛上气候干燥，难得有太阳隐藏到云层后面的时候。这实在是一座盛夏之岛，常年得到过多的阳光照射，海面温度超过20度。然而，如果潜到加拉帕戈斯群岛附近的海里，只能看到火成岩上零星地长着一些珊瑚，几乎看不到层层堆积形成称得上是"礁"的珊瑚群。为什么会这样呢？这是因为从南极海域来的寒冷洋流会流经加拉帕戈斯群岛附近海域，只要水深超过10米，无论太阳光再怎么强烈，前面提到的虫黄藻的活动也会变得迟钝，因此珊瑚也就不能大量地形成石灰质了。

　　珊瑚礁一般要在最低海水温度高于18度的地方才能形成。另外，就算不能形成"礁"，造礁珊瑚也要在最低16度左右的环境中才能生存。

　　珊瑚礁形成的另一个条件似乎与海水的盐分浓度有关。例如，冲绳岛的珊瑚礁非常繁盛，而在赤道附近的亚马孙河河口附近就几乎没有珊瑚礁。世界上最大的珊瑚礁群大堡礁，也是位于距离澳洲大陆数十公里外的海面上。

　　由于河口附近有大量的淡水流过，会降低海水盐分浓度，这种环境是不适合造礁珊瑚生长的。另外，这还会给河口处带来大量的淤泥，水的透明度也会因此而变得很低，太阳光不能充分照射到海底。即使造礁珊瑚开始生长，沉淀下来的淤泥也会盖住珊瑚虫，让它呼吸困难。

　　那么，是不是海水的盐分浓度越高越好呢？也未必如此。虽然也有实例表明在诸如红海深处这样盐分浓度极高的地区也有某种珊瑚存活，但是一般来说，盐分浓度太高会使珊瑚的生长变得困难，妨碍珊瑚礁的形成。

◉词语的翻译

サンゴ礁：珊瑚礁

ポリプ：珊瑚虫
イソギンチャク：海葵
骨格：骨骼
群れをなす：成群
光合成：光合作用
濁る：混浊，不透明
ダーウィン：达尔文
ガラパゴス諸島：（地名）加拉帕戈斯群岛（位于东太平洋赤道上的火山群岛）
火成岩：火成岩，岩浆岩
ちょこんと：零星地，孤零零地
南氷洋：南极海域
アマゾン川：亚马孙河
グレート・バリアリーフ：大堡礁
沖合：海面，海上

● **句子的翻译**

原文1 これには、体がもろすぎたり、柔らかすぎたりして、サンゴ礁という礁を作ることのできないサンゴや、深海にある宝石サンゴなどが含まれます。

误译 这里面包括身体质地很脆或是很柔软、不能形成珊瑚礁的珊瑚，以及生长在深海的宝石珊瑚。

参考译文 非造礁珊瑚包括身体质地很脆或是很柔软，不能形成珊瑚礁的珊瑚，以及生长在深海的宝石珊瑚。

日语中有一系列指示代词，分别用来指示事物、场所、方向、人称。在翻译这些指示代词的时候，常见的方法有四种：转义译法、实义译法、删减译法和特殊译法。从词汇意义上讲，日语的各类指示代词都有各自负责指代的对象或内容。但在实际使用时，指示代词所指代的对象或内容不能完全固定，会出现转用现象。在这种情况下，就需要用到转义译法。例如，"あれに見えるのが有名な大安寺だ。"（可以看见那儿就是著名的大安寺。）这个句子中，指代事物的指示代词"あれ"实际上转用于指代场所了，所以翻译成"那儿"。实义译法是为使意义明确而具体译出指示代词所指代内容的一种译法，这种译法在科技文章中尤为常见。删减译法是指在日译汉时，日语原文中为

强调而插入句中的复指代词可以进行减译，因为汉语中没有这种结构。特殊译法主要用于日语中由指示代词构成的词组，这些词组表示特定的含义，字面上很难看出，要求译者真正搞懂，不要望文生义。译者在翻译的时候，需要根据情况灵活运用这些翻译方法。

误译的译文将"これには"直接翻译成"这里面"，容易引起误解，一时不容易分辨是"珊瑚里面"，还是"非造礁珊瑚里面"。将助词"に"直接翻译成"里面"，也容易让人产生是珊瑚内部结构里的感觉。实际上仔细阅读原文，作者想表达的是非造礁珊瑚包括了两类，因此此处可以采用实义译法，直接具体译出指示代词所指示的内容，即非造礁珊瑚，明确句义，避免误解。

原文2 さて、造礁サンゴですが、すべての造礁サンゴの体内には、「褐虫藻」と呼ばれる、動物とも植物ともつかない小さな海藻の仲間が共生しています。

误译 那么，虽然是造礁珊瑚，但是所有的造礁珊瑚的体内都共生着被称为"褐虫藻"的既不是动物也不是植物的小海藻。

参考译文 我们再来说说造礁珊瑚。在所有的造礁珊瑚体内，都有一种被称为"虫黄藻"的小海藻，它们与珊瑚共生，既非动物也非植物。

首先，综合上下文，"造礁サンゴですが"中的接续助词"が"在原文中实际是顺接，起到的是承上启下、引出话题、铺垫下文的作用，并没有转折的意思。其次，这个句子是名词谓语句。常见的一般性名词谓语句，基本都可以直译，无须太多处理。但有些句子，如果用直译的方法生搬硬套原文结构，翻译出来的汉语会令人感到不知所云，这个时候就需要使用一定的语言处理技巧。此句实际上是继上一段对非造礁珊瑚的介绍之后转移到造礁珊瑚的承接句，我们可以采用增译的方法，加上类似"再来说说""再来看看"的表达，使文章更加流畅自然。

另外，误译译文将"褐虫藻"直接照搬翻译是不准确的。通过查阅资料，可以发现这个词在汉语中的准确说法应该是"虫黄藻"。在科普翻译中，一定要注意专有词汇表述的准确性。

最后，日语习惯用长定语修饰名词，原文中"海藻"一词前面就有一段很长的定语，直接翻译过来显得过分冗长，也会影响理解，所以将其适当拆分是更合适的处理办法。

◀ 练习题 ▶

1. 请将下面的短文译为汉语。

金星大気の教えるもの

　よく晴れる日の夕方、太陽の沈んだあとの西の空に、ひときわ明るい大きな星を見ることがある。時によっては、あけ方まだ太陽が地平線に顔を出す前の東の空にも見られる。この星は、地球のすぐ内側を回っている金星という惑星である。全天一といってもいいほど明るいために、昔から「宵の明星」とか「明けの明星」とよばれて、人々に親しまれてきた。金星があんなに明るく輝いて見えるのは、地球に最も近い惑星であるうえに表面が厚い雲に覆われていて、太陽の光をよく反射するからである。

　昔の人は、地球以外の惑星にもきっと生物がいるにちがいないと考えていた。地球のすぐ外側を回る火星にも、この金星にも、生物が存在するかもしれない。それは、宇宙の神秘を目の前にして人類が描いた夢でもあった。特に金星は、大きさも地球よりは少し小さい程度なので、よく「地球の双子星」とさえいわれていた。

　しかし、いくら地球の上から望遠鏡でのぞいても、厚い雲にはばまれて金星の表面の様子を知ることはできない。そこで、多くの人は思いを巡らせた「雲があれば、雨が降る。大雨が降り続いていれば、金星の表面には海が生まれているはずである。その海には、たぶん生物がいるだろう」と。事実、1940年ごろに出版された宇宙探検小説を読むと、金星には広い海があって、宇宙船がその海に着水するという想像の場面が描かれていた。

（『国語3』光村図書）

第四节　法律合同类

　　法律类文章包括法律条文、法律文件等。法律条文是指国家权力机关依照职权所制定并正式颁布，且要求公民普遍遵守的行为规则，包括宪法、法律、法规，以及国家立法、地方立法等。作为公文文体的一种，其主要功能在于规范权利和义务，明确作为和不作为，因此，语言必须意义明确，用词应严谨、规范，语言表达逻辑性强，格式规范。法律文件是指具有法律效力的文件。如当事人所订的合同，国家机关发布的法律、条例、办法及为处理

公务而发出的文件、文书、公文等，都属于法律文件的范围。

　　法律类文章的翻译有别于其他文体，在意义、词汇、语法、格式等微观方面都有自己的特点。这就要求译者掌握法律文本的相关知识，深入理解法律文本的功能特点，如此一来才能在具体翻译技法的使用上发挥作用。在翻译的时候，译者还应注意法律专业词汇和表达，做到用语准确简练、字句严谨，含义清晰明了，切忌拖泥带水、随意发挥。

第一篇

● **原文**

第一章　総則

（この法律の目的）

　　第一条　この法律は、社会教育法（昭和二十四年法律第二百七号）の精神に基き、図書館の設置及び運営に関して必要な事項を定め、その健全な発達を図り、もって国民の教育と文化の発展に寄与することを目的とする。

（定義）

　　第二条　この法律において「図書館」とは、図書、記録その他必要な資料を収集し、整理し、保存して、一般公衆の利用に供し、その教養、調査研究、レクリエーション等に資することを目的とする施設で、地方公共団体、日本赤十字社又は一般社団法人若しくは一般財団法人が設置するもの（学校に附属する図書館又は図書室を除く。）をいう。

　　2　前項の図書館のうち、地方公共団体の設置する図書館を公立図書館といい、日本赤十字社又は一般社団法人若しくは一般財団法人の設置する図書館を私立図書館という。

（図書館奉仕）

　　第三条　図書館は、図書館奉仕のため、土地の事情及び一般公衆の希望に沿い、更に学校教育を援助し、及び家庭教育の向上に資することとなるように留意し、おおむね次に掲げる事項の実施に努めなければならない。

　　一　郷土資料、地方行政資料、美術品、レコード及びフィルムの収集にも十分留意して、図書、記録、視聴覚教育の資料その他必要な資料（電磁的記録（電子的方式、磁気的方式その他人の知覚によっては認識することができない方式で作られた記録をいう。）を含む。以下「図書館資

料」という。）を収集し、一般公衆の利用に供すること。

二　図書館資料の分類排列を適切にし、及びその目録を整備すること。

三　図書館の職員が図書館資料について十分な知識を持ち、その利用のための相談に応ずるようにすること。

四　他の図書館、国立国会図書館、地方公共団体の議会に附置する図書室及び学校に附属する図書館又は図書室と緊密に連絡し、協力し、図書館資料の相互貸借を行うこと。

五　分館、閲覧所、配本所等を設置し、及び自動車文庫、貸出文庫の巡回を行うこと。

六　読書会、研究会、鑑賞会、映写会、資料展示会等を主催し、及びこれらの開催を奨励すること。

七　時事に関する情報及び参考資料を紹介し、及び提供すること。

八　社会教育における学習の機会を利用して行った学習の成果を活用して行う教育活動その他の活動の機会を提供し、及びその提供を奨励すること。

九　学校、博物館、公民館、研究所等と緊密に連絡し、協力すること。

（司書及び司書補）

第四条　図書館に置かれる専門的職員を司書及び司書補と称する。

2　司書は、図書館の専門的事務に従事する。

3　司書補は、司書の職務を助ける。

（司書及び司書補の資格）

第五条　次の各号のいずれかに該当する者は、司書となる資格を有する。

一　大学を卒業した者（専門職大学の前期課程を修了した者を含む。次号において同じ。）で大学において文部科学省令で定める図書館に関する科目を履修したもの

二　大学又は高等専門学校を卒業した者で次条の規定による司書の講習を修了したもの

三　次に掲げる職にあった期間が通算して三年以上になる者で次条の規定による司書の講習を修了したもの

　イ　司書補の職

　ロ　国立国会図書館又は大学若しくは高等専門学校の附属図書館における職で司書補の職に相当するもの

ハ　ロに掲げるもののほか、官公署、学校又は社会教育施設における職で社会教育主事、学芸員その他の司書補の職と同等以上の職として文部科学大臣が指定するもの
　２　次の各号のいずれかに該当する者は、司書補となる資格を有する。
　一　司書の資格を有する者
　二　学校教育法（昭和二十二年法律第二十六号）第九十条第一項の規定により大学に入学することのできる者で次条の規定による司書補の講習を修了したもの
　（司書及び司書補の講習）
　第六条　司書及び司書補の講習は、大学が、文部科学大臣の委嘱を受けて行う。
　２　司書及び司書補の講習に関し、履修すべき科目、単位その他必要な事項は、文部科学省令で定める。ただし、その履修すべき単位数は、十五単位を下ることができない。
　（司書及び司書補の研修）
　第七条　文部科学大臣及び都道府県の教育委員会は、司書及び司書補に対し、その資質の向上のために必要な研修を行うよう努めるものとする。
　（設置及び運営上望ましい基準）
　第七条の二　文部科学大臣は、図書館の健全な発達を図るために、図書館の設置及び運営上望ましい基準を定め、これを公表するものとする。
　（運営の状況に関する評価等）
　第七条の三　図書館は、当該図書館の運営の状況について評価を行うとともに、その結果に基づき図書館の運営の改善を図るため必要な措置を講ずるよう努めなければならない。
　（運営の状況に関する情報の提供）
　第七条の四　図書館は、当該図書館の図書館奉仕に関する地域住民その他の関係者の理解を深めるとともに、これらの者との連携及び協力の推進に資するため、当該図書館の運営の状況に関する情報を積極的に提供するよう努めなければならない。
　（協力の依頼）
　第八条　都道府県の教育委員会は、当該都道府県内の図書館奉仕を促進するために、市（特別区を含む。以下同じ。）町村の教育委員会に対し、総合目録の作製、貸出文庫の巡回、図書館資料の相互貸借等に関して協力を求めることができる。

（公の出版物の収集）

第九条　政府は、都道府県の設置する図書館に対し、官報その他一般公衆に対する広報の用に供せられる独立行政法人国立印刷局の刊行物を二部提供するものとする。

2　国及び地方公共団体の機関は、公立図書館の求めに応じ、これに対して、それぞれの発行する刊行物その他の資料を無償で提供することができる。

(https://elaws.e-gov.go.jp)

● 参考译文

图书馆法

第一章　　总则

（目的）

第一条　本法律基于《社会教育法》（昭和 24 年第 207 号法律）之精神，旨在规定图书馆设置及运营的必要事项，以促其健康发展，进而推动国民教育和文化的发展。

（定义）

第二条　一、本法律所指的"图书馆"，是指由地方公共团体、日本红十字会、一般社团法人、一般财团法人设立的图书机构（附属于学校的图书馆或图书室除外），其目的是收集、整理、保存图书、记录及其他必要资料，并提供给一般公众使用，以利于提高公众文化修养、进行调查研究、休闲消遣等。

二、前款所定义的图书馆中，地方公共团体设置的图书馆称为公立图书馆，日本红十字会或一般社团、财团法人设置的图书馆称为私立图书馆。

（图书馆服务）

第三条　图书馆服务的开展，要遵循当地的情况及一般公众的需求，并确保能支援学校教育和提升家庭教育，具体而言应努力实施以下事项：

1. 应充分做好地方资料、地方政务资料、美术品、唱片及胶片的收集工作，并收集图书、记录、视听教育资料及其他必要资料（包括供计算机进行信息处理的电磁记录，即根据电子方式、磁力方式及其他凭借人的知觉不能感知的方式所制作的记录，以下称为"图书馆资料"），以供一般公众使用。

2. 正确分类、排列图书馆资料，并整理目录。

3. 图书馆职员应对图书馆资料足够了解，能解决图书馆资料利用方面的

相关咨询。

4. 与其他图书馆、国立国会图书馆、地方公共团体的议会附属的图书室、学校附属图书馆或图书室紧密联系与合作，开展图书馆资料的馆际互借服务。

5. 设置分馆、阅览室、流通点等，并以汽车图书馆、流动外借等形式开展巡回借阅服务。

6. 举办读书会、研究会、鉴赏会、电影放映会、资料展示会等，上级机构应鼓励并促成此类活动的举办。

7. 介绍并提供与时事相关的信息和参考资料。

8. 利用社会教育中的学习机会开展学习活动，并运用所得的学习成果开展教育活动及其他活动，上级机构应鼓励并促成此类活动的举办。

9. 与学校、博物馆、公民馆、研究所等开展密切联系与合作。

（司书及候补司书）

第四条　一、图书馆配备的专业职员称为司书和候补司书。

二、司书从事图书馆的专业事务。

三、候补司书协助司书工作。

（司书及候补司书的资格）

第五条　一、符合下列条件之一者，具备司书资格：

1. 大学毕业并在大学期间完成文部科学省令中规定的图书馆相关科目者；

2. 大学或高等专科学校毕业，并修完下一条（第六条）规定的司书培训者；

3. 在下列职位工作满 3 年，并修完下一条（第六条）规定的司书培训者：

①候补司书；

②在国立国会图书馆、大学或高等专科学校的附属图书馆里担任与候补司书相当的职位；

③除上述②所列职位外，由文部科学大臣指定的行政机关、学校或社会教育部门里的社会教育干事、学艺员及其他候补司书同等以上的职位。

二、符合下列条件之一者，具备候补司书资格：

1. 具备司书资格者；

2. 符合《学校教育法》（昭和 22 年第 206 号法律）第九十条第一项规定的大学入学条件，并修完下一条（第六条）规定的司书培训者。

（司书及候补司书的培训）

第六条　　一、司书及候补司书培训由文部科学大臣委托大学开展。

二、文部科学省令规定司书及候补司书培训的必修科目、学分及其他必要事项。但其必修学分数不得少于 15 学分。

（司书及候补司书的进修）

第七条　　文部科学大臣及都道府县的教育委员会应推动相关进修的开展，以提高司书和候补司书的资质。

（设置及管理方面的理想标准）

第七条之二　　文部科学大臣应制定并公布图书馆设置和管理方面的理想标准，以促进图书馆的健康发展。

（管理状况的相关评价等）

第七条之三　　图书馆应对自身管理状况进行评价，并基于评价结果采取必要措施以改善图书馆的管理。

（管理状况相关信息的提供）

第七条之四　　图书馆应积极提供自身管理状况的相关信息，以获得服务对象即当地居民及其他相关人员的理解，推进与他们的联系与合作。

（合作委托）

第八条　　都道府县的教育委员会为促进该都道府县内的图书馆服务，可要求市（含特别区，以下同）町村的教育委员会配合开展联合目录的制作、流动外借巡回服务、图书馆资料馆际互借等相关工作。

（公开出版物的收集）

第九条　　一、政府应向都道府县所设图书馆呈缴两部政府公报及其他对一般公众起公报作用的独立行政法人国立印刷局的出版物。

二、国家及地方公共团体机关应公立图书馆的要求，可免费提供其发行的出版物及其他资料。

（《国外图书馆法律选编》）

●词语的翻译

寄与：贡献，有助于

レクリエーション：休闲消遣

奉仕：服务

自動車文庫：汽车图书馆

公民館：类似我国"文化馆"，日本市町村为本地居民设立的进行教育和文化等各种事业的社会教育设施

揭げる：登载，列出

学芸員：博物馆研究员，策展人

●**句子的翻译**

根据《中华人民共和国立法法》第六十一条规定：法律根据内容需要，可以分编、章、节、条、款、项、目。编、章、节、条的序号用中文数字依次表述，款不编序号，项的序号用中文数字加括号依次表述，目的序号用阿拉伯数字依次表述。中文层级表述一般先用汉字数字"一、二、三……"表示一级，而后用阿拉伯数字"1、2、3……"表示下一层级，其后再是"①、②、③……"。而日语原文一般是在章、节、条、款后先以阿拉伯数字"1、2、3……"标注条款，且省略序号1，若有再下一级则是汉字数字的"一、二、三……"，其后再是假名"イ、ロ、ハ…"。翻译时应注意对应层级关系，不可照搬。

原文　第二条　この法律において「図書館」とは、図書、記録その他必要な資料を収集し、整理し、保存して、一般公衆の利用に供し、その教養、調査研究、レクリエーション等に資することを目的とする施設で、地方公共団体、日本赤十字社又は一般社団法人若しくは一般財団法人が設置するもの（学校に附属する図書館又は図書室を除く。）をいう。

误译　第二条　本法律所称"图书馆"，是指以收集、整理、保存图书、记录及其他必要资料，供一般公众使用，并对其教育、调查研究、娱乐活动等提供帮助为目的的设施。日本红十字会或一般社团法人及一般财团法人设置的机构（学校附属的图书馆或图书室除外）。

参考译文　第二条　一、本法律所指的"图书馆"，是指由地方公共团体、日本红十字会、一般社团法人、一般财团法人设立的图书机构（附属于学校的图书馆或图书室除外），其目的是收集、整理、保存图书、记录及其他必要资料，并提供给一般公众使用，以利于提高公众文化修养、进行调查研究、休闲消遣等。

日语中经常使用较长的定语修饰名词，若使用直译，既不简洁明了，也不符合汉语的表达习惯。译者在对此类结构进行翻译时，可以适当调整语序，使表达更流畅。

第二篇

●原文

建物賃貸借契約書（居住用）

下記賃貸人＿＿＿＿＿＿＿を甲とし、下記賃借人＿＿＿＿＿＿＿を乙として、甲と乙は、下記のとおり賃貸借契約を締結する。

よってその証として本契約書2通を作成し、署名捺印のうえ各自1通を所持する。

　　　　　　　　　　　　　　　　　　　　　　　　年　　月　　日

賃貸人（甲）　住　所
　　　　　　　氏　名　　　　　　印　電話　（　　）
賃借人（乙）　住　所
　　　　　　　氏　名　　　　　　印　電話　（　　）
連帯保証人　　住　所
　　　　　　　氏　名　　　　　　印　電話　（　　）

（媒介・代理する）宅地建物取引業者

媒介・代理業者	免許証番号 事務所所在地 商号又は名称 代表者の氏名	宅地建物取引主任者 登録番号 知事　第　　　号 氏　名

1. 物件の表示

所在地			
名称		住戸番号	階　　号室
構造	造　　　階建	間取り等	

2. 賃貸借条件

賃料	月額　　　　　　円		
共益費	月額　　　　　　円		
支払期限	毎月　　　　日までに翌月分を支払います。		
支払方法	振込　・　持参		
振込先	金融機関名：　　　　　　銀行 　　　　　　　　　　　信用金庫　　　　店 　　　　　　　　　　　郵便局 普通　・　当座　　　口座番号 口座名義人：		
持参先			
敷金	円　賃料の　　　ヶ月分		
更新料			
賃貸借期間	始期　　年　月　日 終期　　年　月　日		年　ヶ月間
本物件引渡し日			
入居者	合計　　名	氏　名	

第1条　契約期間

本賃貸借の契約期間は、表記のとおりとする。

ただし、期間満了までに甲乙協議のうえ期間を更新することができる。

第2条　賃料および共益費等

賃料および共益費等（以下「賃料等」という）の支払期限及び方法は表記のとおりとする。

2. 1か月に満たない賃料等は、1か月を30日として日割計算する。

3. 経済事情の変動、公租公課の増減、近隣の類似物件の賃料等と比較して不相当になったとき、本契約期間内にあっても、甲乙協議して、賃料等を増減させることができるものとする。

4. 乙が賃料等の支払等を遅延したときは、その支払期限の日の翌日から支払当日まで年率＿＿＿％の割合による遅延損害金を加えて支払う。

第3条　敷金

乙は敷金として表記の金額を甲に預託する。

2．本契約が終了し、乙が本物件を完全に明け渡した場合には、甲は遅滞なく乙に対し敷金を全額無利息で返還します。ただし、乙に賃料の滞納、損害の賠償その他本契約から生じる債務がある場合には、甲は敷金をこれらの債務の弁済に充当することができる。

3．乙は、本契約期間内において、賃料等その他の債務と敷金とを相殺することはできない。

第4条　修繕費用の負担

本物件の修繕に要する費用のうち、別表に掲げるものは、乙が負担しその他のものは甲が負担する。

2．乙は、本物件につき修繕を必要とする箇所を発見した場合には、速やかに甲に通知しなければならない。

3．前項の通知を受けた後、相当期間を経過しても甲が修繕を行わない場合には、乙は、あらかじめ甲に通知のうえ必要な修繕を行うことができます。この場合、第1項の規定により甲の負担に属する箇所につき乙が支出した費用については、甲は速やかに乙の求償に応じなければならない。

4．甲は、天災・地変その他甲の責めに帰することのできない事由によって乙が被った損害については、一切の責任を負わない。

第5条　公租公課等の支払

本物件の公租公課は甲の負担とし、本物件にかかる電気・ガス・上下水道料・町内会費その他の費用（以下「諸費用」という）は乙が支払う。

第6条　賃借人の義務

乙（同居者を含む。）は、本物件の使用にあたり、次の事項を遵守しなければならない。

①本物件は居住を目的として使用することし、居住以外の用途に変更しないこと。

②本物件を原形のまま使用し、甲の文書による承諾なくしてこれに変更を加えないこと。

③甲の承諾なく本物件の譲渡及び転貸をしないこと。

④本物件に危険となる行為及び近隣に迷惑を及ぼす行為をしないこと。

⑤善良なる管理者の注意をもって本物件を使用すること。

⑥甲の承諾なく小鳥及び魚類以外の動物を飼育しないこと。

⑦甲の承諾なく重量物、危険物又は悪臭物の持込をしないこと。

⑧表記の入居者を変更しようとするときは、乙は甲に事前了解を得なければならない。

⑨管理規則、使用規則等の定めがある場合は、この定めにより使用方法を遵守すること。

第7条　解除

乙が次の各号の一に掲げる義務に違反した場合において、甲が相当の期間を定めて当該義務の履行を催告したにもかかわらず、その期間内に当該義務が履行されない時は、甲は本契約を解除し、甲の被った損害の賠償を乙に請求できる。ただし、当該義務違反が本契約の継続に必要な信頼関係を破壊したものでないと認められる場合には、この限りではない。

①前条第1号から第9号に掲げる義務

②賃料等の支払い義務

第8条　解約の予告

本契約期間内においても、乙は、甲に対して少なくとも＿＿か月前に文書で予告して本契約を解約することができる。

2．乙は前項の予告に替え、予告期間の賃料に相当する金員を甲に支払い、即時解除できる。

第9条　賃貸借の終了

本契約が終了したときは、乙は本物件を通常の自然損耗を除いて原状に復して甲に明渡さなければならない。

2．原状回復の方法・費用については、甲・乙協議のうえ定める。

3．乙が明渡しを遅延したときは、乙は、本契約終了の日の翌日より本物件の明渡し完了の日まで、賃料等の＿＿倍の損害金を甲に支払わなければならない。

第10条　連帯保証人

連帯保証人は、本契約の賃貸借期間に限らず、契約更新後も本契約が継続する間は、乙と連帯して本契約より生ずる乙の一切の債務を負う。

第11条　協議事項

本契約に記載のない事項及び本契約書の条項に関して生じる解釈上の疑義は、民法、借地借家法その他の法令に従い、当事者間において協議して解決するものとします。万一、裁判により本契約についての紛争の解決を図る場合は、甲及び乙は本物件の所在地を管轄する裁判所で行うことに合意する。

第 12 条　特約事項
_____
_____

● **参考译文**

房屋租赁合同（居住用）

以下的出租人＿＿＿＿＿＿称作甲方，以下的租借人＿＿＿＿＿＿称作乙方，甲方和乙方根据以下内容，签订租赁合同。本合同一式两份，由甲方和乙方签名盖章后，各持有一份，具有同等法律效力。

出租人（甲方）
姓　名　　　　　印　　　　电话（　　　　　）
地　址

租借人（乙方）
姓　名　　　　　印　　　　电话（　　　　　）
地　址

连带担保人
姓　名　　　　　印　　　　电话（　　　　　）
地　址

（中介・代理）住宅用地房屋交易公司

中介・代理	执照号码	住宅用地房屋交易公司
	办公室地址	登记号码
	公司名称	知事　第＿＿＿号
	代表人姓名	姓名

1. 房屋情况

地址				
名称		房间号码	楼	号房间
结构	结构　　　层楼	房间布局		

2. 租赁条件

房租	每月		日元		
物业费	每月		日元		
支付期限	每月		号之前支付下月房租		
支付方法	□汇款		□现金		
收款人	金融机构名：			银行 信用金库 邮局	
	□普通账户		□临时账户	账号	
	户名：				
现金支付地址					
押金			日元	个月的押金	
更新（合同）费					
租赁期间	开始		年　月　日	年　个月	
	终止		年　月　日		
房屋交还日期					
入住人	合计　名		姓名		

第一条　合同期间

本租赁的合同期间，依据上表所定。

但是，在合同到期时，通过甲乙双方的协商，可以更改合同有效期。

第二条　房租和物业费等

1. 房租和物业费等（以下简称"房租等"）的支付期限和方法如表所列。

2. 未满1个月的房租，以30天/月，按日计算。

3. 由于经济情况的变动、公共税费的增减，当甲方或乙方与附近相似房屋的房租比较后认为当前房租不适合的时候，即使在本合同期间内，经过甲乙双方协商，也可以增减房租等。

4. 乙方出现拖欠房租等的情况时，在支付期限到期的第2天开始到支付日为止按年利率_____％加额支付拖欠赔偿金。

第三条　押金

1. 乙方按表中金额将押金委托甲方保管。

2. 本合同期满，若乙方将本房屋完整归还给甲方，甲方不可拖延，应将

押金全额无息退还给乙方。但是，若乙方存在拖欠房租、对房屋设施造成损坏及其他因本合同而导致甲方产生债务的情形，甲方可以扣除押金作为赔偿。

3. 在本合同有效期内，乙方不得以押金冲抵房租或其他因本合同而导致甲方产生的债务赔偿。

第四条　　关于修理费用

1. 本房屋修理所需的费用中，在附表上所列的部分由乙方负担，除此之外由甲方负担。

2. 乙方如果发现本房屋需要修理之处，必须立即通知甲方。

3. 在接到前项通知后，经过一段时间，甲方仍未修理时，乙方在事先通知甲方后，可以做必要的修理。在这种情况下，根据第1项的规定，对于乙方所支出的属于甲方应承担部分费用，甲方必须按乙方的请求立即支付给乙方。

4. 因自然灾害等不可抗力因素致使乙方遭受损失时，甲方不承担任何责任。

第五条　　公共税费的支付

本房屋的公共税费由甲方支付，电费、煤气费、水费、自治会费及其他费用（以下简称"诸费用"）由乙方支付。

第六条　　租借人的义务

乙方（包括一起居住的人）在使用本房屋时，必须遵守下列事项：

① 本房屋以居住为目的，禁止作为居住以外的目的使用。

② 本房屋照原状使用，未经甲方的书面同意，禁止加以更改。

③ 未经甲方同意，禁止将本房屋转让或转借他人。

④ 禁止在本房屋内进行危险的及对近邻造成不良影响的行为。

⑤ 遵守管理人的善意劝告。

⑥ 未经甲方同意，不得饲养小鸟及鱼类以外的动物。

⑦ 未经甲方同意，禁止搬入超重品、危险品或者恶臭物品。

⑧ 当一起居住的人数有变化时，乙方必须事先通知甲方。

⑨ 有管理规章、使用规则等规定时，必须遵守相关规定。

第七条　　解除

乙方如果违反下列各项义务中的任何一项，且甲方在规定的时间内催促告知乙方履行该义务，乙方仍拒不履行时，甲方可以结束本合同，并向乙方索取赔偿。但是，若甲乙双方认为违反该义务没有破坏继续本合同所必需的信赖关系，则不在此限。

① 前条从第①项到第⑨项所记载的义务。

② 支付房租等的义务。

第八条　解除合同的事先通知

1. 即使在本合同期间内，乙方也可以至少提前_____个月以书面形式通知甲方解除本合同。

2. 乙方可以以向甲方支付与通知期间的租金相当的金额代替前项的通知，并立即解除合同。

第九条　租赁合同的终止

1. 本合同终止时，除自然损耗外，乙方必须将本房屋回复原状，交还给甲方。

2. 关于恢复原状的方法、费用，由甲乙双方协商决定。

3. 如果乙方出现拖延，乙方必须从本合同终止日开始到交还日为止，向甲方支付押金的_____倍的赔偿金作为补偿。

第十条　连带担保人

连带担保人在本合同的租赁期间内，及在合同更新后的合同持续期间内，都与乙方连带承担因本合同产生的乙方的一切债务。

第十一条　协商事项

关于本合同中没有记载的事项及本合同条款在解释上产生的疑义，应根据《民法典》《租地租房法》及其他法律，由当事人之间协商解决。如需通过法律手段解决关于本合同的纠纷，甲方和乙方同意在本房屋所在地的管辖法院进行。

第十二条　特别事项

_____

_____

◉词语的翻译

賃貸人：出租人

賃借人：租借人

物件：原意指物品，本文中指房屋

構造：结构

間取り：布局

共益費：日本房屋的公共区域维护费用，相当于物业费

敷金：押金

更新料：租赁合同更新时支付给房东的更新费用

口座名義人：开户人

協議：协商

賃料：租金

日割：按日（付费）

町内会費：日本基层群众性自治组织收取的会费，用于该区域的各类活动，如防灾训练、儿童活动、环境美化等

負担：承担

裁判所：法院

● 句子的翻译

原文1　経済事情の変動、公租公課の増減、近隣の類似物件の賃料等と比較して不相当になったとき、本契約期間内にあっても、甲乙協議して、賃料等を増減させることができるものとする。

误译　由于经济情况的变动、公共税费的增减，当甲方或乙方与附近相似房屋的房租比较后认为不适合的时候，即使在本合同期间内，经过甲乙双方协商，应也可以增减房租等。

参考译文　由于经济情况的变动，公共税费的增减，当甲方或乙方与附近相似房屋的房租比较后认为当前房租不适合的时候，即使在本合同期间内，经过甲乙双方协商，也可以增减房租等。

日语法律文本中经常出现以"ものとする"结尾的表述，与"なければならない"相比，语气相对较弱，表明该条款的实施具有一定的灵活性，一般可以译成"应……"，或单纯为调整语气的修辞手段，也可不译。此句中后一种用法更加适合。

原文2　甲は、天災・地変その他甲の責めに帰することのできない事由によって乙が被った損害については、一切の責任を負わない。

误译　因天灾、地变等其他不能归咎于甲方的理由而给乙方造成的损失，甲方不承担一切责任。

参考译文　因自然灾害等不可抗力因素致使乙方遭受损失时，甲方不承担任何责任。

误译中，直译过来意思是正确的，但这句话在我国法律用语中有约定俗成的说法，"因天灾、地变等其他不能归咎于甲方的理由"可以统称为"因自然灾害等不可抗力因素"。

第四章 笔译实训（二）

原文3 ただし、当該義務違反が本契約の継続に必要な信頼関係を破壊したものでないと認められる場合には、この限りではない。

误译 但是，如果认为违反该义务没有破坏继续本合同所必需的信赖关系，则不在此限。

参考译文 但是，若甲乙双方认为违反该义务没有破坏继续本合同所必需的信赖关系，则不在此限。

误译的译文没有主语。日语经常省略主语，对日本人来说，这并不影响他们理解意义，但是这种情况有时候并不适用于汉语。而且，法律类文本的翻译不同于其他翻译，必须严谨、周密、准确，因此应该按汉语的表达习惯将主语补充完整，明确意义。

原文4 本契約期間内においても、乙は、甲に対して少なくとも＿＿＿か月前に文書で予告して本契約を解約することができる。

误译 即使在本合同期间内，乙方至少＿＿＿个月前以书面形式通知甲方，才可以解除本合同。

参考译文 即使在本合同期间内，乙方也可以至少提前＿＿＿个月以书面形式通知甲方解除本合同。

这是错误理解句型引起的误译，将这个句子中的"予告して"和"解約することができる"理解成了先后关系的两个部分，实际上，句型"ことができる"在这句话中对应的应是两个动作。

◁ 练习题 ▷

1. 请翻译下列法律条文和合同条款。

（1）法律条文一

第二十四条【家族生活における個人の尊厳と両性の平等】

婚姻は、両性の合意のみに基いて成立し、夫婦が同等の権利を有することを基本として、相互の協力により、維持されなければならない。

2 配偶者の選択、財産権、相続、住居の選定、離婚並びに婚姻及び家族に関するその他の事項に関しては、法律は、個人の尊厳と両性の本質的平等に立脚して制定されなければならない。

（2）法律条文二

第三十五条【住居侵入の不可侵】

何人も、その住居、書類及び所持品について、侵入、捜索及び押収を

受けることのない権利は、第三十三条の場合を除いては、正当な理由に基いて発せられ、且つ搜索する場所及び押収する物を明示する令状がなければ、侵されない。

2 搜索又は押収は、権限を有する司法官憲が発する各別の令状により、これを行ふ。

(3)合同条款一

甲は、乙が次の各号のいずれかに該当したときは、催告その他の手続を要しないで、直ちに本契約を解除することができる。乙は、自己が次の各号に該当する場合又はそのおそれがある場合には、直ちに甲に対してその内容を通知するものとする。本条の解除は、各当事者の相手方に対する期限の利益を喪失させるものとする。

(4)合同条款二

乙は、自ら又は本件複製者をして、原著作物に準拠して、その品位、品質、イメージを保持しながら忠実に中国語簡体字に翻訳しなければならない。また、乙は、翻訳等について、甲の指示に従うものとする。乙は、翻訳の確認のため、事前に甲に対して翻訳データを提出しなければならない。

(5)合同条款三

以上の項目の外、売買双方が具体的な取り引きの中で、もし別途協議すべき事項があれば本契約の附属書の備考に明記するものとする。本契約書は　年　月　日調印され、正本二通、日本語と中国語で作成され、双方は各正本一通を所持し、両国語は同等の効力を有する。

第五节　文学作品类

文学作品是作者以语言为工具，以各种文学形式，结合自己对生活的情感体验、认识和评价，经过头脑加工形象地反映生活的语言艺术品。文学作品的体裁主要有散文、诗词、小说、戏剧，等等。翻译文学作品有别于其他类型的翻译工作，是译者在原作基础上的再次创作。除了正确传达意思，还有对美学上的要求，如语言美、思想美、形式美等。这就要求译者本身具有较高的文学修养。在翻译时，首先要从宏观上体察原著的体裁、背景、作者的用语习惯、文体等，其次还要从微观上注意对细节之处的准确表达。

第一篇

● 原文

吾輩は猫である

　吾輩は猫である。名前はまだ無い。

　どこで生れたかとんと見当がつかぬ。何でも薄暗いじめじめした所でニャーニャー泣いていた事だけは記憶している。吾輩はここで始めて人間というものを見た。しかもあとで聞くとそれは書生という人間中で一番獰悪な種族であったそうだ。この書生というのは時々我々を捕えて煮て食うという話である。しかしその当時は何という考もなかったから別段恐しいとも思わなかった。ただ彼の掌に載せられてスーと持ち上げられた時何だかフワフワした感じがあったばかりである。掌の上で少し落ちついて書生の顔を見たのがいわゆる人間というものの見始であろう。この時妙なものだと思った感じが今でも残っている。第一毛をもって装飾されべきはずの顔がつるつるしてまるで薬缶だ。その後猫にもだいぶ逢ったがこんな片輪には一度も出会わした事がない。のみならず顔の真中があまりに突起している。そうしてその穴の中から時々ぷうぷうと煙を吹く。どうも咽せぽくて実に弱った。これが人間の飲む煙草というものである事はようやくこの頃知った。

　この書生の掌の裏でしばらくはよい心持に坐っておったが、しばらくすると非常な速力で運転し始めた。書生が動くのか自分だけが動くのか分らないが無暗に眼が廻る。胸が悪くなる。到底助からないと思っていると、どさりと音がして眼から火が出た。それまでは記憶しているがあとは何の事やらいくら考え出そうとしても分らない。

　ふと気が付いて見ると書生はいない。たくさんおった兄弟が一疋も見えぬ。肝心の母親さえ姿を隠してしまった。その上今までの所とは違って無暗に明るい。眼を明いていられぬくらいだ。はてな何でも容子がおかしいと、のそのそ這い出して見ると非常に痛い。吾輩は藁の上から急に笹原の中へ棄てられたのである。

　ようやくの思いで笹原を這い出すと向うに大きな池がある。吾輩は池の前に坐ってどうしたらよかろうと考えて見た。別にこれという分別も出ない。しばらくして泣いたら書生がまた迎に来てくれるかと考え付いた。ニャー、ニャーと試みにやって見たが誰も来ない。そのうち池の上をさら

さらと風が渡って日が暮れかかる。腹が非常に減って来た。泣きたくても声が出ない。仕方がない、何でもよいから食物のある所まであるこうと決心をしてそろりそろりと池を左りに廻り始めた。どうも非常に苦しい。そこを我慢して無理やりに這って行くとようやくの事で何となく人間臭い所へ出た。ここへ這入ったら、どうにかなると思って竹垣の崩れた穴から、とある邸内にもぐり込んだ。縁は不思議なもので、もしこの竹垣が破れていなかったなら、吾輩はついに路傍に餓死したかも知れんのである。一樹の蔭とはよく云ったものだ。この垣根の穴は今日に至るまで吾輩が隣家の三毛を訪問する時の通路になっている。

さて邸へは忍び込んだもののこれから先どうして善いか分らない。そのうちに暗くなる、腹は減る、寒さは寒し、雨が降って来るという始末でもう一刻の猶予が出来なくなった。仕方がないからとにかく明るくて暖かそうな方へ方へとあるいて行く。今から考えるとその時はすでに家の内に這入っておったのだ。

ここで吾輩は彼の書生以外の人間を再び見るべき機会に遭遇したのである。第一に逢ったのがおさんである。これは前の書生より一層乱暴な方で吾輩を見るや否やいきなり頸筋をつかんで表へ抛り出した。いやこれは駄目だと思ったから眼をねぶって運を天に任せていた。しかしひもじいのと寒いのにはどうしても我慢が出来ん。吾輩は再びおさんの隙を見て台所へ這い上った。すると間もなくまた投げ出された。吾輩は投げ出されては這い上り、這い上っては投げ出され、何でも同じ事を四五遍繰り返したのを記憶している。その時におさんと云う者はつくづくいやになった。この間おさんの三馬を偸んでこの返報をしてやってから、やっと胸の痞が下りた。

吾輩が最後につまみ出されようとしたときに、この家の主人が騒々しい何だといいながら出て来た。下女は吾輩をぶら下げて主人の方へ向けてこの宿なしの小猫がいくら出しても出しても御台所へ上って来て困りますという。主人は鼻の下の黒い毛を撚りながら吾輩の顔をしばらく眺めておったが、やがてそんなら内へ置いてやれといったまま奥へ這入ってしまった。

主人はあまり口を聞かぬ人と見えた。下女は口惜しそうに吾輩を台所へ抛り出した。かくして吾輩はついにこの家を自分の住家と極める事にしたのである。

(夏目漱石『吾輩は猫である』)

●参考译文

我是猫

我是猫。名字嘛……还没有。

哪里出生？压根儿就搞不清！只恍惚记得好像在一个阴暗潮湿的地方喵喵叫。在那儿，我第一次看见了人。而且后来听说，他是一名穷学生，属于人类中最凶恶的一伙。据说他们常常逮住我们炖肉吃。不过当时，我还不懂事，倒也并不觉得怎么可怕。只是被他嗖的一下子高高举在掌上，总觉得有点晕晕乎乎。我在学生的手心稍微稳住神儿，瞧了一眼学生的脸，这大约便是我平生第一次和所谓的"人"打的照面了。当时看到那张怪异的脸所感受的惊恐至今也还记忆犹新。先说那张脸，本应用毫毛来装点，却光溜溜地，活像个烧水壶。其后我碰上的猫不算少，但是，像他这么残缺不全的脸，一次也未曾见过。况且，脸的正中央鼓得太高，还不时地从下面的洞穴噗噗地喷出烟来。那烟呛得我受不了。后来总算明白，原来这是人类在吸烟哩。

我在这名学生的掌心暂且舒适地趴着。可是，不大工夫，我竟异常快速地旋转起来，弄不清是学生在动，还是我自己在动，反正头晕目眩，直恶心。我心想：这下子可完蛋喽！只听咕咚一声，眼冒金星。只记得这些。至于后事如何，怎么也想不起来了。

我苏醒过来，学生已不见踪影，原先一起的众多的兄弟姐妹也一只不见，连我最重要的妈妈也不知去向。并且，这儿和我之前待过的地方不同，特别明亮，几乎不敢睁眼睛。哎哟哟，一切都那么稀奇古怪。我试着慢慢往外爬，这一爬不打紧，浑身疼得厉害，原来我被一下子从稻草堆上甩到竹林里了。

好不容易爬出竹林，一瞧，对面有个大池塘。我蹲在池畔，想着接下来该如何是好，却想不出个好主意。忽然想起："若是再哭一哭，那名学生会不会再来接我呢？"于是，我喵喵地叫了几声试试看，还是没有一个人来。转眼间，寒风呼呼地掠过池面，眼看就要日落西山。肚子饿极了，想哭都哭不出声来。没办法，只要能吃，什么都行，我慢慢地沿着池塘左侧爬着，下定决心一定要到有食物的地方去。实在太疼了，我咬牙坚持，硬是往上爬。终于，不知不觉爬到了有人迹的地方。我心想，若是爬进去，总会有点办法的。于是，我从篱笆墙的窟窿穿过，窜到一户人家的院内。缘分这东西，真是不可思议。假如不是这道篱笆墙刚好有个破洞，说不定我早已饿死在路旁了。这就是常言说的："一树之荫，前世之缘"吧！这墙根上的破洞，至今仍是我拜访邻猫三花妹妹的必经之路。

却说我虽然钻进了院内，却不知下一步该怎么办才好。不久天就要黑了，肚子会饿，身上又冷，眼看就要下雨，情况十万火急，已经没工夫犹豫了。没法子，先朝着亮堂些、暖和些的地方去吧。走啊，走啊……现在回想起来，当时我已经钻进那户人家的宅子里了。

在这儿，我又有机会与学生以外的人们谋面。首先碰上的是女仆。这位，比刚才见到的那名学生更蛮横，一看到我就抓住我的脖子，将我扔出门外。咳，这下子没命喽！两眼一闭，听天由命吧！然而，饥寒交迫，万般难耐；趁女仆不备，我又溜进厨房。不大工夫，我又被扔了出去。扔出去，就再爬进来；爬进来，又被扔出去。如此这般，大约经历了四五个来回。当时我恨透了这个家伙。前几天偷了她的秋刀鱼，报了仇，才算出了这口闷气。

就在我最后一次眼看就要被她扔出去时，"什么事这么吵？"这家主人边说边走上前来。女仆拎着我冲着主人说："这只野猫崽子不管怎么赶，总是爬进厨房，实在太讨厌了！"主人捋着鼻下那两撇黑胡，端详了我一会儿，说："那就把它收留下吧！"说罢，回房去了。

主人似乎是个沉默寡言的人。女仆懊恼地将我扔进厨房。于是，我便决定在这里安家了。

● **词语的翻译**

吾辈：我（日语中的"吾辈"是古代日本老臣对新帝的自称，既有礼貌又略带狂妄的口气，对于该词如何翻译，译者各有见解，本文采用约定俗成的翻译）

とんと：完全，压根儿

じめじめ：拟声拟态词，形容潮湿

ニャーニャー：（猫）喵喵叫

書生：学生

獰悪：凶恶

別段：并（不）

つるつる：光溜溜

薬缶：烧水壶

片輪：残缺不全

フワフワ：晕晕乎乎

飲む：抽（烟）

胸が悪い：恶心

のそのそ：慢慢

人間臭い：人迹

邸内：院内
三毛：三花（白、黑、褐三色混合的花猫）
おさん：女仆
三馬：秋刀鱼
口を聞かぬ：沉默寡言
口惜しそうに：懊恼地

● 句子的翻译

原文1 吾輩は猫である。名前はまだ無い。

误译 我是猫。还没有名字。

参考译文 我是猫。名字嘛……还没有。

这是原著的第一句话，很简单，却非常重要。第一句话的翻译风格会影响整篇文章的基调。鉴于原著的文本整体上是幽默讽刺的风格，所以，在翻译的时候，可以借助一些语气词，与直译相比，更加生动活泼，使文章从第一句开始就充满了幽默调侃的语气，奠定整篇文章的感情基调，起到锦上添花的作用。译者在翻译文学作品时，要注意原文的整体风格，兼顾"形"与"神"的问题，既忠实地传达原作的内容又完美地表现原作的形式。

原文2 そのうちに暗くなる、腹は減る、寒さは寒し、雨が降って来るという始末でもう一刻の猶予が出来なくなった。

误译 这时天已黑了下来，肚子又饿，身上又冷，雨也下起来了，情况十万火急，已经没工夫犹豫了。

参考译文 不久天就要黑了，肚子会饿，身上又冷，眼看就要下雨，情况十万火急，已经没工夫犹豫了。

据《新明解国语辞典》《广辞林》和《广辞苑》的解释，副词"そのうち"的意思是"近いうち""まもなく"和"やがて"，即汉语的"过几天""不久，一会儿"和"紧跟着"。据此可知"暗くなる""腹は減る""雨が降ってくる"等现象尚处于未然态中，因此不应译为"天黑了下来""肚子又饿""雨也下起来了"之类的已然态。

原文3 下女は吾輩をぶら下げて主人の方へ向けてこの宿なしの小猫がいくら出しても出しても御台所へ上って来て困りますという。

误译 女仆提着我，对主人说："这只无家可归的小猫不管怎么赶，总是

爬进厨房，真是为难。"

参考译文 女仆拎着我冲着主人说："这只野猫崽子不管怎么赶，总是爬进厨房，实在太讨厌了！"

首先，"ぶら下げて"是说拿物品的手是自然下垂的状态，使用汉语中的"拎"这个词更准确传神。其次，用"无家可归的小猫""为难"这些词语，表达出的是女仆可怜小猫又无计可施的情感，而实际情况是女仆厌恶小猫并三番五次把它扔出厨房，误译的译文没有表达出这种感情。

第二篇

● 原文

私は雑草が好きだ。菫蒲公英のような春草、桔梗女郎花のような秋草にも劣らず私は雑草を好む。閑地に繁る雑草、屋根に生ずる雑草、道路のほとり溝の縁に生ずる雑草を愛する。閑地は即ち雑草の花園である。「蚊帳釣草」の穂の練絹の如くに細く美しき、「猫じゃらし」の穂の毛よりも柔き、さては「赤の飯」の花の暖そうに薄赤き、「車前草」の花の爽に蒼白き、「繁縷」の花の砂よりも小くして真白なる、一ツ一ツに見来れば雑草にもなかなかに捨てがたき可憐なる風情があるではないか。しかしそれらの雑草は和歌にも咏われず、宗達光琳の絵にも描かれなかった。独り江戸平民の文学なる俳諧と狂歌あって始めて雑草が文学の上に取扱われるようになった。私は喜多川歌麿の描いた『絵本虫撰』を愛して止まざる理由は、この浮世絵師が南宗の画家も四条派の画家も決して描いた事のない極めて卑俗な草花と昆虫とを写生しているがためである。この一例を以てしても、俳諧と狂歌と浮世絵とは古来わが貴族趣味の芸術が全く閑却していた一方面を拾取って、自由にこれを芸術化せしめた大なる功績を担うものである。

私は近頃数寄屋橋外に、虎の門金毘羅の社前に、神田聖堂の裏手に、その他諸処に新設される、公園の樹木を見るよりも、通りがかりの閑地に咲く雑草の花に対して遥にいい知れぬ興味と情趣を覚えるのである。

(永井荷風『日和下駄』)

● 参考译文

我喜欢野草，就如同喜爱春之紫堇与蒲公英、秋之桔梗与黄花败酱那般

喜欢野草。无论是闲地上丛生的野草，还是屋顶上的野草，抑或是路旁沟侧的野草，都是我的心头至宝。闲地就是野草的花园。莎草拖着如丝般细长精美的穗子，狗尾草长着比毛还柔软的穗子，长鬃蓼生着温柔的淡红色花朵，车前草有着清爽而青白色的花朵，繁缕草则长着比沙砾还小的银白色花朵。细细欣赏，所有的野草都那么可爱，那么令人难以割舍。可是这些野草在和歌中从未被歌颂过，宗达、光琳的画里也没有它们的身影。唯独在属于江户平民文学的俳谐歌和狂言里，野草才登上了文学舞台。我一直都很喜欢喜多川歌麿画的《画本虫撰》，因为这位浮世绘画师将令南宗画家和四条派画家嗤之以鼻的卑俗花草和昆虫当成了自己的写生对象。仅从此一例来说，俳谐、狂歌、浮世绘也有巨大的功绩，它们拾起了自古以来被我国贵族审美艺术完全忽视的一面，自由地将其艺术化。

最近的数寄屋桥外、虎之门金刀比罗宫神社前、神田圣堂后及其他多处新建的公园内都栽种了不少树木，比起那些，我还是更爱路旁闲地上盛开的野花，它们更能为我带来一种莫名的兴趣与情致。

● **词语的翻译**

菫：紫堇

女郎花：黄花败酱

蚊帐釣草：莎草

猫じゃらし：狗尾草

赤の飯：长鬃蓼

繁縷：繁缕草

可憐なる：可爱

いい知れぬ：莫名的

● **句子的翻译**

原文 1　菫蒲公英のような春草、桔梗女郎花のような秋草にも劣らず私は雑草を好む。

误译　　我喜欢杂草，不亚于喜欢紫堇蒲公英那样的春草和桔梗女郎花那样的秋草。

参考译文　我喜欢野草，就如同喜爱春之紫堇与蒲公英、秋之桔梗与黄花败酱那般喜欢野草。

该篇选自永井荷风的散文《晴日木屐》，永井荷风是日本唯美主义文学的

代表作家，他的文字唯美而又清新隽永。译者自身的文学修养和遣词造句能力影响着翻译的美感和准确性。首先，句中的"にも劣らず"表示"不亚于，不逊于"的意思，误译的译文采取直译，虽意思正确，但缺乏美感，不符合原文的行文风格；其次，误译中"女郎花"一词翻译照搬日语，通过查询资料我们可以发现，汉语中的女郎花通常是辛夷、木兰花的代称，日语中的"女郎花"指的则是开小黄花的草本植物，两者完全不一样，照搬翻译成"女郎花"实属误译。

原文2　「蚊帳釣草」の穂の練絹の如くに細く美しき、「猫じゃらし」の穂の毛よりも柔き、さては「赤の飯」の花の暖そうに薄赤き、「車前草」の花の爽に蒼白き、「繁縷」の花の砂よりも小くして真白なる。

误译　莎草拖着如绸缎般细长精美的穗子，较之狗尾草的穗子还要柔软几分，长鬃蓼长着温柔的淡红色花朵，车前草有着清爽而苍白的花，繁缕草则长着比沙砾还小的银白色花朵。

参考译文　莎草拖着如绸缎般细长精美的穗子，狗尾草长着比毛还柔软的穗子，长鬃蓼生着温柔的淡红色花朵，车前草有着清爽而青白色的花朵，繁缕草则长着比沙砾还小的银白色花朵。

仔细观察句子，可以发现以花草名开头的这几个分句结构相似，甚至句末都用了形容词，如汉语的排比句一般，是并列的关系，每个分句的内容是这种花草的名字及作者认为的可爱之处。误译的译者错误地将前两句理解成了比较关系，认为是莎草穗比狗尾草穗柔软，实际上"「猫じゃらし」の穂の毛よりも柔き"的主语并不是前句的莎草穗，而是狗尾草穗本身，指的是狗尾草穗比毛还柔软。

原文3　この一例を以てしても、俳諧と狂歌と浮世絵とは古来わが貴族趣味の芸術が全く閑却していた一方面を拾取って、自由にこれを芸術化せしめた大なる功績を担うものである。

误译　仅从此一例来说，俳谐、狂歌、浮世绘也有拾起了自古以来被我国贵族审美艺术完全忽视的一面，自由地将其艺术化的巨大的功绩。

参考译文　仅从此一例来说，俳谐、狂歌、浮世绘也有巨大的功绩，它们拾起了自古以来被我国贵族审美艺术完全忽视的一面，自由地将其艺术化。

日语中经常使用较长的定语来修饰名词，翻译的时候可适当调整，使其符合汉语的使用习惯。

第三篇

● 原文

ノルウェイの森

　十八年という歳月が過ぎ去ってしまった今でも、僕はあの草原の風景をはっきりと思いだすことができる。何日かつづいたやわらかな雨に夏のあいだのほこりをすっかり洗い流された山肌は深く鮮かな青みをたたえ、十月の風はすすきの穂をあちこちで揺らせ、細長い雲が凍りつくような青い天頂にぴたりとはりついていた。空は高く、じっと見ていると目が痛くなるほどだった。風は草原をわたり、彼女の髪をかすかに揺らせて雑木林に抜けていった。梢の葉がさらさらと音を立て、遠くの方で犬の鳴く声が聞こえた。まるで別の世界の入口から聞こえてくるような小さくかすんだ鳴き声だった。その他にはどんな物音もなかった。どんな物音も我々の耳には届かなかった。誰一人ともすれ違わなかった。まっ赤な鳥が二羽草原の中から何かに怯えたようにとびあがって雑木林の方に飛んでいくのを見かけただけだった。歩きながら直子は僕に井戸の話をしてくれた。

（村上春樹『ノルウェイの森』）

● 参考译文

译文版本 1

　即使在经历过十八度春秋的今天，我仍可真切地记起那片草地的风景。连日温馨的霏霏细雨，将夏日的尘埃冲洗无余。片片山坡叠青泻翠，抽穗的芒草在十月金风的吹拂下蜿蜒起伏，逶迤的薄云紧贴着仿佛冻僵的湛蓝的天穹。凝眸望去，长空寥廓，但觉双目隐隐作痛。清风抚过草地，微微拂动她满头秀发，旋即向杂木林吹去。树梢上的叶片簌簌低语，狗的吠声由远而近，若有若无，细微得如同从另一世界的入口处传来。此外便万籁俱寂了。耳畔不闻任何声响，身边没有任何人擦过。只见两只火团样的小鸟，受惊似的从草丛中腾起，朝杂木林方向飞去。直子一边移动脚步，一边向我讲水井的故事。

（林少华　译）

译文版本 2

　　就算在十八年后的今天，那片草原风光也仍旧历历在目。绵延数日的霏霏细雨冲走了山间光秃秃的地表上堆积的尘土，漾出一股深邃的湛蓝，而十月的风则撩得芒草左右摇曳，窄窄长长的云又冻僵了似的紧偎着蔚蓝的天空。天空高居顶上，只消定睛凝视一会，你便会感到两眼发痛。风吹过草原，轻拂着她的发，然后往杂树林那头遁去。树叶沙沙作响，远处几声狗吠。那声音听来有些模糊，仿佛你正立在另一个世界的入口一般。除此以外，再没有别的声响。不管是什么声响都无法进入我们的耳里。再没有人会和我们错身而过，只看到两只鲜红的鸟怯生生地从草原上振翅飞起，飞进杂树林里。一边踱着步，直子便一边跟我聊起那口井来了。

（赖明珠　译）

● **分析**

　　本段选自日本著名当代作家村上春树的《挪威的森林》。作为二十世纪最具代表性和影响力的日本作家，村上春树的文字平实易懂、细腻清新。他的文笔独具韵味，像清风吹拂过读者的心灵，让读者感受到独特的语言魅力。

　　其代表作《挪威的森林》自1987年问世以来，风靡全世界，引发了世界范围的村上文学热潮，这与译者的辛勤工作密不可分。翻译界有关其译本对比的分析、翻译策略的研究、译介的研究多到不胜枚举。其中文译本中最受关注的分别是翻译家林少华的译本和翻译家赖明珠的译本。

　　对比上文林少华和赖明珠的翻译段落，首先，二者对"十八年という岁月"的翻译采用了不同的表达。赖直接译成"十八年后"，而林译成"十八度春秋"。"春秋"二字文雅且古朴，可以传达出时间流逝的直观感觉，及主人公心理上历经沧桑的一面。其次，林在翻译"連日の秋雨で山肌が洗い流され、木や草などが深く鮮やかな青みをたたえた"中用了"叠"和"泻"两个字，以及"逶迤""隐隐""凝眸望去，长空寥廓"等表达方式，汲取了古汉语措词典雅、工丽、简约的优点，较多地采用了归化的翻译策略，充分展示出译者良好的学识及深厚的语言功底和文学修养。赖译本则继承了传统的忠实观念，较多地采取了异化的翻译策略，在译文中注重文本的连贯性，逐字翻译，尽可能地采用直译法，以减少词汇的增删，同时对原作的语序和修辞不做大的修改。在修饰语的选用上，赖译本也多使用平淡的语言，多照句直搬，尽量不使用成语，保持文意和作者用意，希望读者也能感受到村上的语言特色，读来清新自然，通俗直白，简洁易懂。

　　两位译者的翻译可以说是各有千秋，带有鲜明的特色。莎士比亚曾说，"一千个观众眼中有一千个哈姆雷特"，每位译者对作品有不同的理解，不同的读者对作品也有各自的偏好。无论如何，这两种译本都为村上春树作

品在中国的传播发挥了重要的作用。

◀ 练习题 ▶

1. 请将下面的短文译为汉语。

(1) 吾輩がこの家へ住み込んだ当時は、主人以外のものにははなはだ不人望であった。どこへ行っても跳ね付けられて相手にしてくれ手がなかった。いかに珍重されなかったかは、今日に至るまで名前さえつけてくれないのでも分る。吾輩は仕方がないから、出来得る限り吾輩を入れてくれた主人の傍にいる事をつとめた。朝主人が新聞を読むときは必ず彼の膝の上に乗る。彼が昼寝をするときは必ずその背中に乗る。これはあながち主人が好きという訳ではないが別に構い手がなかったからやむを得んのである。

(2) 牧場のうしろはゆるい丘になって、その黒い平らな頂上は、北の大熊星の下に、ぼんやりふだんよりも低く連って見えました。ジョバンニは、もう露の降りかかった小さな林のこみちを、どんどんのぼって行きました。まっくらな草や、いろいろな形に見えるやぶのしげみの間を、その小さなみちが、一すじ白く星あかりに照らしだされてあったのです。草の中には、ぴかぴか青びかりを出す小さな虫もいて、ある葉は青くすかし出され、ジョバンニは、さっきみんなの持って行った烏瓜のあかりのようだとも思いました。そのまっ黒な、松や楢の林を越えると、俄かにがらんと空がひらけて、天の川がしらしらと南から北へ亘っているのが見え、また頂の、天気輪の柱も見わけられたのでした。つりがねそうか野ぎくかの花が、そこらいちめんに、夢の中からでも薫りだしたというように咲き、鳥が一疋、丘の上を鳴き続けながら通って行きました。

(3) 私は振返って音のする方を眺めた。千駄木の崖上から見る彼の広漠たる市中の眺望は、今しも蒼然たる暮靄に包まれ一面に煙り渡った底から、数知れぬ燈火を輝し、雲の如き上野谷中の森の上には淡い黄昏の微光をば夢のように残していた。